グローバル化により変容する
中国・米国間の金融経済

苗　金芳　著

五絃舎

まえがき

　1990年代に情報技術産業の革命と一連の国際政治制度の変革が同時に発生した。1990年代における情報通信技術の急速な発展と普及は，これを導入した国・地域の産業を高度化し，経済の生産性向上に寄与した。コンピュータはインターネットなどのネットワーク網を通じて国境を超えて接続され，これを利用した経済活動のグローバル化が進展し，生産コストは下がり，情報流通にかかる時間は短縮され，国際経済取引が活発となっている。また，1989年にソ連の崩壊とそれに伴う世界経済のグローバル化は国際経済・金融システムの一体化をもたらしたと同時に，世界の生産工程の国際化を促進し，グローバル生産への道を切り開いた。そして生産工程が地理的に分散され，グローバル生産のネットワークが複雑に構築された。このようなグローバルバリューチェーン（以下，GVC）といわれる世界的な生産活動では，工程が細分化し，国境を越えた相互補完的な分業体制が成立している。そのため，製造過程で投入される部材や提供されるサービスには，貿易を通じて様々な国がかかわっている。こうした生産工程のグローバル化は世界貿易パターン及び貿易構造を大きく変貌させ，財やサービス，資本などの円滑かつ効率的な移動をもたらし，各国の相互依存関係を一層緊密化させることとなった。とりわけ，アジア域内生産ネットワークの発展は，中国・米国・東アジア環太平洋地域という三極貿易構造を生み出した。すなわち，日本・韓国など東アジア諸国が中国に中間財を輸出すると同時に，中国が多くの最終消費財を米国に輸出するという，米国，中国と東アジアの間のトライアングル貿易構造である。その結果，中国対欧米の貿易黒字が拡大している一方で，対日本・韓国など東アジア諸国との貿易取引が赤字になっている。

　1990年代に入っても，中国政府は1978年にスタートした市場経済化改革

を強化し続けている。中国の対外開放政策は経済発展に大きな成果をあげた。2001年のWTO加盟によって中国の世界経済への統合は加速され，世界経済の中で中国の地位は一層高まってきた。とりわけ，外資優遇政策により誘致された外国対中国の直接投資，貿易及び金融・経済改革といった様々なチャネルを通じて，国内経済に積極的な影響を与え，高度経済成長を遂げた。高度経済成長を維持していることに伴い，人々の生活水準が高まっている。いまの中国は「世界の工場」だけでなく，「世界の市場」にもなりつつある。こうした米国が主導したグローバル経済戦略と中国の対外開放政策が合致した結果，世界最大の先進国の米国と世界最大の発展途上国の中国の間での投資・生産によって国際生産活動は強化され，世界経済の成長の下支えとなっている。

グローバル金融・経済一体化，グローバル生産ネットワークの進化などを背景に世界貿易規模が拡大し続けている中で，対米国経常収支黒字による中国の巨額な外貨準備は主にドル資産に運用されて，米国の膨大な債務と補完関係をなし，ドル基軸通貨の地位を維持する役割を担い，ドル価値の安定が更にグローバル・インバランスを支えるという「不均衡な均衡」のうえで世界経済の繁栄は達成された。そして，巨額な経常収支黒字を背景に中国の外貨準備保有高は世界最大になっており，2015年末に3.3兆ドルに達した。そして米国債最大保有国として，中国は世界最大の先進国の米国との金融・経済関係を一層高めており，世界経済発展に与える影響力は無視できないものとなっている。

米国は世界の最終消費市場，中国は世界の組み立て工場になった一方で，世界最大の先進国としての米国と世界最大の発展途上国の中国とは，より相互依存・相互補完的な経済・金融関係で結ばれるようになった。モノ・カネだけでなく，ヒトの側面からも中国は米国を支えているといっても過言ではない。いま，年間米国に留学する中国人留学生は20数万人にも達しており，米国に数百億ドルの教育黒字を貢献している。今後中国と米国は確実に関係を強化していくことに違いないと考えられる。

本書は序章を除いて8章から構成されている。執筆に当たっては，多くの方々のお世話になっている。本書の基礎になった論文については，佐賀大学の諸教

授と日本金融学会の方々にご指導を賜った。特に飯盛信男教授・都築治彦教授からは非常に貴重なコメントをいただいた。厚く深謝申し上げたい。本章の第2章は，中国教育部「春暉計画」プロジェクトとして城西大学経営学部の張紀尋教授との共同研究成果である。張紀尋教授には，公私にわたってお世話になってきた。これまで本書の基になった論文を内外のいわゆる審査制をとる学術雑誌に積極的に投稿するという研究スタイルを選択してきた。匿名の専門家による査読のおかげで，当初の草稿から比べればいずれの論文も格段に良い分析を展開できることになったと思う。匿名制度ゆえに個々のお名前を記して謝辞を献じることはできないが，多くの貴重なコメントを下さった先生方に感謝の意を表しておきたい。あわせて，日本金融学会，西日本部会，佐賀大学などで本書の基になった論文を報告した際に貴重なご助言をいただいた多くの先生方にも謝意を表したい。

本書の研究には長期間にわたって中国国家外国専家局研究費の支給を受けた。また，中国教育部「春暉計画」プロジェクト（項目 NOZ 2012043）の資金を受けた。更に，本書の出版にあたっては，青海民族大学より，刊行助成を受けることができた。これらの関係各位に深く謝意を表したい。

最後に，本書を上梓するにあたり，何よりもまず，佐賀大学経済学部都築治彦教授と五絃舎の長谷雅春社長には脱稿後の原稿に対して精緻に目を通して適切なご指摘を頂戴した。記して心より感謝したい。もちろん，あり得べき誤りはすべて著者の責任に帰する。また，留学した長い間に，日本での友人と子供馬明瑞たちから絶え間のない支援を受けたことに対して衷心より感謝したい。

2017 年 5 月

著 者

目　次

まえがき

序章　本書の課題と構成 ——— 13
　第1節　背景と課題 ——— 13
　第2節　本書の概要 ——— 16

第1章　世界経済グローバル化で台頭した中国経済 ——— 21
　第1節　グローバル化で拡大した中国の対外経済 ——— 21
　　(1)　中国経済発展についての先行研究 ——— 21
　　(2)　中国の対外経済拡大の背景 ——— 24
　　(3)　世界経済成長に大きく寄与する中国経済 ——— 25
　　(4)　対外経済依存度の高まり ——— 27
　第2節　世界生産拠点の中国への移転 ——— 29
　　(1)　世界対中国の直接投資 ——— 29
　　(2)　米国対中国の直接投資 ——— 30
　第3節　グローバル化で樹立された「世界の工場」——— 32
　　(1)　「世界の工場」の樹立 ——— 33
　　(2)　雇用創出 ——— 34
　　(3)　「貿易大国」化への転換 ——— 35
　　(4)　加工貿易を中心とした中国の産業構造の脆弱性 ——— 36
　第4節　国際分業の深化で拡大した中米間経常収支不均衡 ——— 38
　　(1)　国際分業で形成された「加工貿易」の特徴 ——— 39
　　(2)　国際分業強化による世界経済のカップリング ——— 43
　　(3)　国際分業の加速で拡大した中米間貿易不均衡 ——— 45

第2章 アジア域内生産ネットワーク進化からみた中米貿易不均衡問題 ―― 47
第1節 グローバル生産ネットワークの進化とフラグメンテーション型産業内貿易 ―― 47
第2節 アジア域内生産ネットワークと中間財貿易の拡大 ―― 49
(1) アジア域内生産ネットワークの進化 ―― 49
(2) アジア域内生産ネットワークと中間財貿易の拡大 ―― 50
第3節 付加価値貿易の視野からみた中米貿易不均衡の真実 ―― 52
(1) グローバル生産工程の深化と付加価値貿易 ―― 52
(2) 付加価値貿易視野からみた中米貿易不均衡 ―― 52

第3章 世界グローバル化に変容した中米経済 ―― 55
第1節 世界グローバル化経済で一体化した中米経済 ―― 55
(1) グローバル・インバランスに関する先行研究 ―― 55
(2) 世界グローバル化の中で変容した中米経済 ―― 56
(3) 米国のサブプライムローンの問題と世界経済 ―― 58
第2節 経常収支不均衡問題と米国の経済体制 ―― 60
(1) 世界グローバル化経済で拡大した米国の経常収支赤字 ―― 60
(2) 経常収支不均衡と米国の経済体制 ―― 61
第3節 米国の「金融立国」経済戦略と経常収支赤字 ―― 63
(1) 「金融立国」経済戦略と経常収支赤字の拡大 ―― 63
(2) 石油価格上昇で拡大した経常収支赤字 ―― 66

第4章 グローバル・インバランスと中国の経済・金融体制 ―― 71
第1節 グローバル・インバランスと中国の経済体制 ―― 71
(1) グローバル・インバランスと中国の経済体制 ―― 71
(2) 拡大している経済格差 ―― 72
(3) 「貯蓄志向型」の社会経済体制 ―― 74

第2節　グローバル・インバランスと中国の金融体制 ——— 76
　　(1) 中国金融自由化に関する先行研究 ——— 76
　　(2) 国有銀行が独占する金融体系 ——— 78
　　(3) 金融マクロ・コントロール効果の問題 ——— 80
　　(4) 消費者信用の欠如 ——— 82
　　(5) 日本金融体制との比較 ——— 83
　第3節　中国の金融市場における「金融抑圧」政策 ——— 85
　　(1) 間接金融を中心とする中国の金融体制 ——— 85
　　(2) 「金融抑圧」政策 ——— 87
　　(3) 高経済成長に相応しい金融改革の重要性 ——— 91
　第4節　「金融抑圧」から「金融自由化」へ ——— 92

第5章　グローバル・インバランスを背景に巨大化した中国の外貨準備高 — 95
　第1節　外貨準備理論 ——— 95
　　(1) 新興市場国外貨準備蓄積に関する先行研究 ——— 95
　　(2) 外貨準備理論の進展 ——— 97
　　(3) アジア通貨危機を背景にアジア諸国の外貨準備の蓄積 ——— 99
　第2節　世界最大外貨準備保有の中国 ——— 101
　　(1) 世界最大外貨準備保有の中国 ——— 101
　　(2) 中国外貨準備蓄積の政治・経済的背景 ——— 102
　　(3) 外貨準備蓄積の仕組みと為替政策 ——— 104
　第3節　「未発達の金融市場」における外貨準備の積み上げ ——— 108
　　(1) 資本規制の非対称性 ——— 108
　　(2) 「未発達の金融市場」と外貨準備の積み上げ ——— 108

第6章　実務的な観点から分析した中国の適正外貨準備水準 ——— 111
　第1節　適正外貨準備理論—比率アプローチ ——— 111
　第2節　適正外貨準備理論—バッファー・ストック・モデル — 114

第3節　中国における外貨準備の適正水準の試算 ─── *117*
　　(1)　中国外貨準備保有高の動向 ─── *117*
　　(2)　中国外貨準備の適正水準に関する試算 ─── *121*

第7章　外貨準備の巨大化を背景に対米国債への運用 ─── *127*
　第1節　グローバル・インバランスと中国の対米国債への投資 ─── *127*
　　(1)　中国の対米国債への投資 ─── *127*
　　(2)　外貨準備運用のリスク ─── *128*
　　(3)　多様化に迫られた外貨準備の運用 ─── *129*
　第2節　困難に直面する外貨準備運用及びSFWの設立 ─── *131*
　　(1)　非対称的な資本規制体系 ─── *131*
　　(2)　政治的な制約 ─── *132*
　　(3)　政府系ファンドCIC（Soverein Wealth Fund）設立 ─── *133*
　第3節　中国外貨準備運用の現状に対する評価 ─── *135*
　　(1)　世界金融危機の中でジレンマに陥った中国外貨準備の運用 ─── *135*
　　(2)　為替政策コストの高まりとバブルのリスク ─── *137*
　　(3)　カバーできない資本運用における内外収益差 ─── *141*

第8章　総括と展望 ─── *143*
　第1節　新興市場国外貨準備を巨大化する現代国際通貨体制 ─── *143*
　　(1)　新興市場国外貨準備を巨大化する国際通貨体制 ─── *143*
　　(2)　現代国際通貨体制と米国経常収支赤字のファイナンス ─── *144*
　　(3)　現代国際通貨体制と金融危機リスクのグローバル化 ─── *146*
　第2節　世界金融危機の最中に浮上した人民元・ドル問題 ─── *148*
　　(1)　人民元改革の歴史的な歩み ─── *148*
　　(2)　金融市場改革と結び付けた人民元改革の課題 ─── *153*
　　(3)　米国経常収支赤字の焦点に当たる人民元・ドル問題 ─── *156*

参考文献一覧 ———————————————————— 161
図表一覧 ——————————————————————— 167

序章　本書の課題と構成

第1節　背景と課題

　中国は1978年に市場経済に移行し対外開放政策が打ち出された。90年代にかけても対外開放政策が強められ，経済基盤が良い沿海部で対外開放政策の窓口としてFDI投資を受けいれるように整備した。同時に米国が主導したグローバル化経済の動きは世界中で広がっている。これを背景に，労働集約という比較優位性を持つ中国に対する外国FDIの投資が飛躍的に行われた。2001年のWTOの加盟によって中国の世界経済への統合が加速され，世界経済の中で中国の地位は一層高まってきた。そして世界グローバル化経済の下で，国際分業が強まったのを背景に，世界の生産拠点は迅速に中国へ移転している。2003年に，中国は外国FDI投資の対象国として米国を抜いて，金額面で世界のトップになった。FDI投資を通じて中国は前例のないスピードで高度経済成長を実現した。FDIに伴う海外からの資本流入も拡大している。

　90年代から中国は最終財の生産拠点として機能し，部品，素材など中間財を香港，台湾を始め，日本及び韓国等東アジア地域から輸入して，世界加工拠点として中国で生産し，完成した最終消費財を世界主要な消費地の米国を中心に輸出している。その結果，2000年以降は，大幅な貿易収支黒字を計上した。FDI投資の傘下の下で，行っている加工貿易は著しく発展し，中国の貿易収支総額に大きな割合を占め，貿易収支黒字の拡大に大きく寄与している。経常収支黒字が著しく伸び，2008年には，世界全体の経常収支黒字に占める中国の割合は31％に達した。とりわけ対米国の貿易輸出は米国の経常収支赤字総額に大きなシェアを占めている。

米国の経常収支赤字の構造からみると，1980年代半ばから，日本，中国香港，韓国等の国と地域は米国の主な貿易赤字相手国になったが，2001年に中国のWTO加盟以降，「世界の工場」の中国はかつての日本に代わり，対米貿易黒字で最大の国になっている。そして中国に代表される「輸出志向型」の東アジア諸国，エネルギー価格上昇により輸出拡大してきたロシア，中東産油国などの対米経常収支黒字も拡大している。巨額な米国の経常収支赤字がグローバル・インバランスと呼ばれ，世界中で注目されている。

世界グローバル化経済の下で，現代国際分業体制が形成され，アジア域内で国際分業において生産工程の分解を強化し，生産効率が高まり，グローバル・インバランス（経常収支黒字）を仕上げた。巨額な経常収支黒字に伴う外貨流入に対して自国通貨上昇を防ぐために為替介入が行われている。中国が代表するアジア新興市場国は大規模な為替介入を取ることによって，外貨準備を巨大化してきた。

グローバル・インバランスを背景に中国などはドル価値（ドルが下落すれば，ひいては自国通貨の上昇を防ぐ）を維持する為替介入として蓄えられた巨額の外貨準備を主に米国債に運用し，米国経常収支赤字の拡大（グローバル・インバランス）をファイナンスしている。中国の巨額な外貨準備は主にドル資産に運用され米国の膨大な債務と補完関係を形成して，ドル基軸通貨の地位を維持して国際通貨体制を安定させ，ドル価値の安定はますますグローバル・インバランスの下支えとなっている。2008年の世界金融危機までグローバル・インバランスは世界経済の繁栄をもたらしたといえる。

その一方で，中国では外貨準備運用において膨大な外貨資産を運用部門や運用先に集中しすぎるリスクや為替リスクなどが高まり，外貨運用の効率化を目指し長期運用するためにポートフォリオの再構築や運用先の多様化が必要となっている。ところが，中国外貨準備運用の現状において，機会コストや為替政策コストが高まっている一方で，運用収益率は非常に低く見られている。中国の外貨準備が急速に積み上げられていく中で，外貨準備の運用は金融政策の重要な課題になっている。

そして新興市場では為替介入と外貨準備運用政策においては，リスク／リターンということが無視されていること（リスク／リターンには無関心）が注目を浴びている。国際的に重商主義という批判も高まっている。
　しかし，実際に中国など新興市場国は輸出主導の成長戦略をとるしかないのである。内需主導の経済成長を達成するために必要な銀行・信用体制が構築されていないからである。モリスが言うように，農業国から都市化に徐々に転換し，現代化社会が構築されるまでの長い過渡期には，労働者の賃金を低く抑え，インフレ率の上昇を抑制するとともに，大都市への人口集中を抑制する必要がある。現代的な金融システムや資本市場が整備されない限り，内需型経済成長への転換は難しいといえる。この故に，今後とも中国など新興市場国は輸出型経済成長モデルが続き，外貨準備を積み上げていくことが充分に考えられる。
　また，米ドルを国際基軸通貨とする現代国際通貨体制において中国などアジア新興市場国は1997年のアジア通貨危機の経験を経て，経済危機を防ぐためにドル資産を主に外貨準備として蓄積する傾向が高まっている。このため，ドル基軸通貨の地位を維持するのに大きく貢献している。ドル本位制の国際通貨体制の下で，米国の金融の実力で国際通貨システムでは主導的な地位を覇権し続けた。同時に米国は経済構造が脱工業化を始め，低付加価値の製造業から高付加価値のサービス産業へと転換し，生産分野から金融分野へと拡張し始めた。発達した金融市場は米国金融経済の発展を促進させ，金融資産取引拡大によって巨大な利益を獲得している。
　これと対照的に，中国など新興市場国では，外貨準備を巨大化するのに，国内経済資源が自国輸出部門により多く配置された故に，国内の非製造部門と製造部門の生産効率格差が拡大し続け，輸出型経済の急速な発展と金融市場発展の停滞という矛盾が激化しつつある。このように，中国はFDI投資を通じて経済成長が著しく発展しているが，中国の金融市場では政策金融の特徴を持つ金融システム及び資本市場の改革が経済発展より非常に遅れている。「輸出志向型」の高度経済成長と金融市場の未発達の「非対称」の状況の中で，大規模な外貨準備が巨大化してきた。外貨準備の増大は中国の経済実力の強さを示す

一方で，経済資源の合理的な配置の問題が問われている。このように過剰な外貨準備を蓄積すると，過剰流動性を充分吸収しない限り，物価インフレが避けられないことがあり，国民の経済厚生が大きく削られてしまう。それより国内に従来から存在する経済格差は激しくなりうる，あらゆる社会問題の噴出の引け金になりかねないといえる。そして未発達な金融市場は近年の経済成長の減速につながっていると考える。

第2節　本書の概要

　本書は序章を除けば8章で構成されている。本節では，各章の概要を順次紹介することで，本書の構造と概要についてあらかじめ紹介し，全体の分析の中での各章の位置関係を明確にしておきたい。

　第1章では，中国が市場経済に移行してからの改革開放経済政策の経緯を踏まえ，90年代に世界グローバル化経済に巻き込まれ，現在世界で重要なプレーヤーとなった中国の経済成長の背景を分析する。世界経済グローバル化の下でアジア域内での国際分業が強化されているのに伴い，中国は外国FDI投資傘下の加工貿易を中心とした「世界の工場」の機能を果たし，輸出拡大で高度経済成長を維持している。

　第2章では，アジア域内生産ネットワーク進化の視野から中米貿易不均衡の問題を分析した。1990年代に情報技術産業の革命と国際環境の変化が同時に発生したことを背景に，世界経済・金融のグローバル化は世界生産工程の国際化を促進し，生産工程が地理的に分散化され，グローバル生産のネットワークが複雑的に構築された。特にアジア域内生産ネットワークの深化によって，東アジア地域における貿易構造が従来の垂直型分業から水平型分業へ変化し，さらに水平型貿易からフラグメンテーション型産業内貿易に進化するようになった。こうした状況の中で，アジア域内で中間財貿易の規模が急速に拡大しているため，伝統的な貿易体系の下では，国際生産工程において加工または組立分野に位置づけられた中国の対米貿易収支の黒字が過大に評価され，中米間

の貿易摩擦は激化している一方で，現代国際分業におけるアジア製造業と欧米サービス業との間に鮮明な産業分業が形成され，中国を中心とするアジア製造業と米国を中心とする欧米サービス業との間に相互補完関係が結ばれた。本章はグローバル生産ネットワーク進化を踏まえ，貿易摩擦問題を含む中米間経済関係を深く分析した。

　第3章では，ひとまず，21世紀初めの国際経済・金融を象徴するグローバル・インバランスについて米国の「金融立国」戦略と経済体制の特徴から分析する。米国は「金融立国」の戦略の下で，脱工業化の産業調整によって高付加価値のサービス産業へと特化し，低付加価値の製造業は対外FDI投資の形で海外に移転させた。一方で中国は積極的に海外からのFDI投資を受け入れ，対米国輸出で高度経済成長を維持していると同時に，対米国の貿易収支黒字を大幅に計上した。次に，グローバル・インバランスと中米両国の経済体制を分析し，グローバル・インバランスと中国における過剰貯蓄（消費不足）と米国における過剰消費（貯蓄不足）の経済体制の因果関係を解明する。

　第4章では，巨大化した中国外貨準備の政治・経済背景を分析する。アジア危機をきっかけに中国などアジア新興市場諸国は経済危機を予防するために外貨準備を積み上げていく目的があり，一層の輸出志向的な為替政策が外貨準備増大の根本理由であって，それを増幅させたのが中国などの未発達な金融市場および金融構造であることを検討する。

　第5章では，外貨準備適正水準の比率アプローチ（the ration approach）理論とバッファ・ストック・モデル理論を紹介しながら，現在でも良く用いられている比率アプローチ理論に基づき，中国の適正外貨準備の水準の試算を行う。

　第6章では，中国の外貨準備運用を踏まえて，外貨準備運用の現状に対する評価を行う。外貨準備運用においては膨大な外貨資産を運用部門や運用先がドル資産に集中しすぎるリスクや為替リスクの問題を示す。さらに，グローバル・インバランスの軸となる中米間金融関係を明らかにした上で，中国の金融政策の矛盾を検討する。

　第7章では，外貨準備を増大させた中国の経済体制や金融体制の問題を取

りあげ，高度経済成長期の日本と比較して分析する。「金融抑圧」の環境におかれている中国の金融市場では，高金利でFDI投資に伴う外貨を受け止めている一方で，蓄積した外貨準備を低金利の米国債で運用している。そして，急速に膨張している外貨準備及び外貨準備運用の仕方も中国の金融市場，金融システムの矛盾を反映している。中国など新興市場諸国が外貨準備を巨大化するのは，アジア通貨危機の経験の理由があっても，現実に中国などアジア諸国では内需型経済成長を達成するのに，必要な金融システムや資本市場が整備されておらず，「輸出志向型」経済成長政策を取るしかないのである。今後，市場経済に相応しい現代化した金融市場が構築されない限り，外貨準備を引き続き巨大化していくことが充分にありうるとの考えを示している。

第8章では，世界金融・経済グローバル化の下で，グローバル・インバランスを仲介する過剰貯蓄（貿易黒字）の中国が米国の貯蓄不足（貿易赤字）の資金不足を補うという金融メカニズムが構築され，「ドル本位制」という国際通貨体制の下で，グローバル・インバランスを背景にドル価値を維持しようとする為替介入で蓄えられた中国の巨額の外貨準備が主に米国債に投じられているという中米間の相互依存の金融関係を解明する。

そして，中国が代表する東アジア諸国は自国通貨の安定を防ぐために大規模な為替介入を行うことによって積み上げた外貨準備を主にドル資産に運用し，米国の巨額な債務と補完関係を形成して，ドルの基軸通貨の地位を維持して国際通貨体制を保ち，グローバル・インバランスの下支えとなっている国際通貨体制の問題を検討する。今後，人民元の国際化の行方をも分析する。

以上は本書の概要である。これら一部の章の基礎になった論文を次に掲げておくことにしたい。ただし，第1章，第2章，第3章及び第5章は，本書を執筆する際に，加筆したというよりも，原論文を参考にして全く新たに執筆したという方が正確である。

第1章

＊苗金芳「世界経済帰趨を占う─21世紀中米経済─」『佐賀大学経済論集』

第 42 巻　第 4 号　2009 年 11 月。

第 2 章

＊張紀尋・苗金芳「アジア域内生産ネットワーク進化の視点からみた中米貿易不均衡問題」『城西大学経営紀要』第 10 号　2014 年 3 月。

第 3 章

＊苗金芳「グローバル・インバランス問題の是正へ向けて─カギとなる中国における内需拡大と金融システム改革」『佐賀大学経済論集』第 43 巻第 2 号　2010 年 7 月。

第 5 章

＊苗金芳「巨大化する中国外貨準備の意義」『佐賀大学経済論集』第 44 巻第 2 号　2011 年 5 月。

第1章　世界経済グローバル化で台頭した中国経済

第1節 グローバル化で拡大した中国の対外経済

(1) 中国経済発展についての先行研究

　『国富論』の「序論」によれば，一国国民の富は，第一にその国の労働が利用される場合の熟練，技巧および判断によって，第二に有用労働（生産的労働）に従事する者の数という労働に従事しないもの数との割合によって，規定されざるをえない。すなわちアダム・スミスによれば，自然的条件を与えられたものとすれば，国富は，分業による生産性の向上と資本蓄積による生産的労働者数の（割合）増大とによってのみ増進されると指摘された。『国富論』において，スミスがその「序論」で明確にいったように，富とはもはや金または銀ではなく，明らかに国民の生活にとっての「必要品及び便益品」にほかならない[1]。

　『国富論』の「第四編・第八章」では，重商主義体系は輸出の奨励と輸入の阻止によって各国を富まそうとするものであり，有利な貿易差額によってその国を富ませることであると重商主義政策を批判し自由貿易政策を主張・提案した[2]。「重商主義」の思想において，一切の富は金または銀，総じて「財宝」によって代表される。富の唯一の存在形態である金・銀を獲得する唯一の手段は外国の貿易である。このため，他の国からの輸入を抑制し，貿易勘定を黒字になるべく金・銀を多めにためる。

---

1) 和田重司『アダム・スミスの政治経済学』ミネルヴァ書房出版，1978年2月20日，第1刷発行（pp.41-82）。
2) アダム・スミス，大内兵衛・松川七朗訳『諸国民の富Ⅱ』岩波書店出版，1974（昭和49）年8月30日，第5刷発行（p.946）。

中国はこの四半世紀，平均10％に近い高度経済成長を実現し，世界第2位の貿易規模と第2位の経済規模を持つ経済大国となっており，輸出額は世界の第一位になった。中国の持続的高度経済成長を牽引したのは珠江デルタと長江デルタ地域などを中心に形成されたメガリージョンである。

　とりわけ，2001年WTO加盟後，これらの地域はインフラを積極的に整備し，FDI誘致された米国主導の世界グローバル化経済戦略と中国の対外開放政策が合致した結果，世界最大先進国の米国と世界最大発展途上国の中国における米国の投資・中国の生産によって国際分業が強化され，世界経済成長の下支えとなっていた。この結果，中国は「世界の工場」になったと同時に，対外輸出拡大で高度経済成長を遂げ，資本蓄積も実現した。外貨準備保有は世界の最大である。

　しかし，粗放的な投資や「加工貿易」を中心とする輸出型の経済成長モデルでは，地域的格差の拡大，エネルギーの浪費，環境破壊，社会保障制度の欠如等問題が深刻化してきた。社会緊迫感が高まっている。経済急成長の矛盾が噴出し安定的な持続的成長を阻害しており，「世界の工場」の実態は「世界の下請け工場」であるなど，経済基盤が弱くなっている。国内の平均的な生活水準，技術水準，教育水準及び環境保護等が先進国と比べて，はるかに遅れている。

　こうした状況で，国民の富が何かという疑問を提起して，本章では世界グローバル経済化，国際分業，グローバル・インバランス（国際経常収支不均衡），中国の高度経済成長，巨大化した外貨準備及び金融市場の構造的な問題を取りあげて，国民が豊かな生活ができるために中国の持続的経済成長を維持する課題を検討してみる。中国の著しい経済発展については以下のように先行研究が行われている。

　胡鞍鋼氏によれば，中国は1980年から2002年にかけて，経済的近代化へ向け台頭の時期を迎えている。2020年以降の中国は，国家発展のライフ・サイクルの最盛期を迎える。国家のライフ・サイクルにおいて最も重要なのは，持続的な創造イノベーションであると強調した。主要大国の台頭については次の指標で考察されている。①一国GDPの世界総額に占める割合。②一国輸出

額の世界輸出額に占める割合。③一国人口の世界総人口に占める割合。④一国製造業産出高の世界製造業産出高に占める割合。これは一国の工業化水準の世界構造における地位とその変化を表すものである[3]。

　大前研一氏によれば，現代のネットワーク社会では，繁栄する世界の地域は例外なく資本，技術，人材，情報を広く世界中から引き寄せている。世界中の資本は，瞬時に国境を越えて行き来する。情報も企業も消費者も，そして雇用さえも電話線一本で国際移動してしまうのである。中国はこうしたダイナミックな経済行動を本能的に察知し，他人の力を借りることによって自国経済のキャッチアップを建設，躍進している。世界に溢れている技術や資金を廉価で良質な労働力によって吸引し，経済繁栄をもたらしている[4]。

　中国経済学会会長南亮進によれば，中国の実質GDP成長率は1980年代と90年代に10％近い高率を示し，現在でも高度成長は依然として続いている。中国が，工業の急速な発展によって世界の生産拠点と見なされるようになり，世界が中国の輸出攻勢に慄くという「中国脅威論」さえ台頭した。しかし最近では，世界の商品に対する有望な市場として期待が高まっている。中国は「世界の工場」から「世界の市場」へと変わりつつあるように見える。しかしその市場には歪みがあり将来の経済成長に影を落としている[5]。

　尾崎春生氏によれば，中国が資源エネルギー，環境と並んで，強国実現のために必ずしなければならない課題は金融である。強国実現のアキレス腱は，①脆弱な金融システム，②所得格差・社会保障問題，③エネルギー不足，④環境破壊であると指摘した[6]。

　周牧之氏によれば，中国経済の直面する三大課題は，①地域格差の拡大とそ

---

[3]　胡鞍鋼　王京濱訳『経済大国中国の課題』岩波書店出版，2007年12月21日，第1刷発行（pp.4-8）。
[4]　大前研一『チャイナ・インパクト―The China Impact』講談社出版，2002年4月10日，第2刷発行（p.282）。
[5]　南亮進「中国高度成長の要因と帰結：日本との比較」『中国経済研究』2004年3月（p.10）。
[6]　尾崎春生『中国の強国戦略　2050年への発展シナリオを読む』日本経済新聞出版社，2007年7月6日，1版1刷（pp.106-150）。

れに伴う地方経済や行政のあり方の歪み，②成長成果の分配，③メガロポリス自身の持続発展であると主張した。

　以上紹介した先行研究を念頭において，本章では中国が市場経済に移行してからの経済政策の経緯を踏まえ，90年代にグローバル化経済に巻き込まれ，現在世界で重要なプレーヤーである中国の高度経済成長の背景を分析する。高度経済成長に伴い累積してきた産業構造の問題，グローバル・インバランスとの因果関係及び巨大化した外貨準備の背景を分析するために中国の高度経済成長の主因を分析する必要があると考えている。

(2) 中国の対外経済拡大の背景

　中国は，長い期間国際社会から封じられ，国内においては，政治的な不安（文化大革命や大躍進など）が頻繁に生じており，経済成長がほぼ停滞したこともあった。政治混乱の流れの中で，経済成長が世界経済発展より遅れていた。1978年12月の第11期中央委員会第3回全体会議をきっかけに，これまで実施した計画経済体制を是正し，市場経済体制を導入することが認められた。いわゆる「中国の特色ある社会主義市場経済」という経済システムが模索された。国民経済においては多くの分野で対内改革・対外開放政策へと転化した。

　しかし，同時に産業構造の転化や国有企業の改革による余剰な労働力が顕在化した。また，農村においては「土地分配制度改革」という改革などで農村の若年労働者が放出され，雇用問題は一層社会的に深刻化してきた。政治的な混乱を経て，生産拡大に欠かせない資本や技術等生産要素が乏しかった経済状況を背景に，中国は積極的に直接投資の導入などを行い，外資系企業が誘致された。また，経済成長と雇用問題を解決する経済目標を設定し経済目標を実現させるため，対外開放政策の強化や金融政策の改革が実施された。

　こうした経済停滞や深刻な雇用問題を抱えている中国は対外開放政策を一層高め，積極的に外資系企業を誘致し，直接投資の導入などが行われてきた。改革開放初期における経済特区の躍進と沿海部地域の著しい産業発展は，外資優遇政策に見られるように目立っている。中国の対外開放政策は国内経済発展に

大きな成果を上げた。とりわけ90年代に世界経済グローバル化の中で，中国は対外経済技術開発区の設立と拡大，さらに長江デルタと珠江デルタ経済圏の形成と「三沿開放」[7]による開放地域が拡大した。

そして，90年代にかけてグローバル化経済の動きが始まり，世界生産拠点が迅速に中国へ移転した。対中国のFDI投資及び多国籍企業の対中国進出は中国経済発展を促進し，高度経済成長の原動力になっていた。2001年の非一次産業の実質GDP成長率は10.7%，労働者1人当たりでは7.9%であり，高度成長期の日本に匹敵する高率である[8]。

WTO加盟以降，中国は高度経済成長を続けている。2001年12月のWTO（世界貿易機関）加盟を実現するまで，中国国内では経済グローバル化を迎えるため，産業構造の調整と国有企業の改革をかなり実施していた。WTO加盟により中国が世界経済グローバル化に深く巻き込まれ，世界経済の中で中国の地位は一層高まってきた。

多くの研究によるとWTOの加盟は中国の経済発展に大きな役割を果たしている。そのうちFDIの急速流入を促進し，外資が中国総資産のシェアを増加させたと考えられる。当初，改革・開放政策の一つのテスト・ケースとして積極的に直接投資を受け入れ，沿海部に設けられた経済特別区に外資を誘致し，外資導入をチャンネルとする技術移転が意図されていたのである。

(3) 世界経済成長に大きく寄与する中国経済

改革・開放政策に踏み切った中国経済が世界経済に織り込まれ，世界経済と関わるようになってきた。中国はFDI投資を受け入れることによって先進国からの資本及び技術を導入し，豊富かつ安価な労働力を活かして世界的な生産

---

7) 1992年10月に開催した第4回中国共産党大会では初めて「社会主義市場経済」の樹立を近代国家を建設する目標として掲げ，改革開放の深化を更なる進み，市場メカニズムを導入させることも明らかになった。対外開放拡大については，「三沿開放」（沿海―沿岸部，沿辺―国境周辺地域，沿江―主として長江流域地域などを指している）があげられた。
8) 南亮進「中国経済はどこへ行く：世界の工場から世界の市場へ？」『経済セミナー』日本評論社，2005年，No.605（p.15）。

を行うようになった。このため，中国は「世界の工場」になっている。社会経済基盤を建て直そうという経済戦略の下で，外国からの資本及び技術導入を図って，外資優遇政策が措置され外資企業の進出を促進させた。高い技術を有する外資系企業は中国におけるそのウェイトの増大が全体としての技術レベルを引き上げ，急速な技術進歩が可能になった。技術進歩により製造業において生産能力が高まっている。国内商品生産能力が拡大するにつれ対外輸出規模が急速に増加している。それ故に，中国は「輸出型」の経済成長に着目し 2001 年から高い経済成長率を続けている。

　中国が開放されたこの数十年の間に，国力が強まってきたことに伴い，世界の経済の中での地位が高まってきた。中国の世界の経済成長への寄与率は世界でトップとなったので，中国が世界経済の牽引車として役割を果たしている。世界銀行・世界発展データバングが 1995 年の国際ドル価格（PPP）を基準として計算した結果によると，1980-2002 年の中国の GDP は年間 9.51% 増となり，日本の高度経済成長（1955 年から 1973 年の年平均成長率 9.2%）を上回るだけでなく，世界平均レベルや米国のそれの 3 倍をも上回るものとなった。同時に，世界の新規増加の GDP に対する中国の寄与率は 21.31%，米国は 21.09%，日本は 5.81%，ドイツは 3.04% となっている。IMF のデータで 2003-2005 年には，中国の世界への寄与率は年間 13.8% に上昇し，米国の 29.8% についで世界 2 位となった[9]。さらに，この寄与率が絶えず上昇している。ここ数十年で堅調な世界経済成長に中国が寄与しているとみられている。

　2003-2007 年にかけて，中国経済発展は著しく発展しつつあり，GDP 率が年平均 10.9% に増加しており，2003 年の 10.0%，2004 年の 10.1%，2005 年の 10.4%，2006 年の 11.1%，2007 年の 13.3% であり，各年の平均率が 2 ケタの水準を維持している。この期間，中国の経済成長率は世界の 4.9% の水準よりはるかに高く，世界中で，ごくまれであり，発展途上国の経済成長率より 3.0% 上回っている。GDP の規模からみると中国は 2010 年には日本を抜いて米国に次いで世界第二位の経済大国になった。BRICs 諸国の中でも飛び

---

9)「中国　世界経済成長への寄与率が最高」www.chn-consulate-fukuoka.or.jp。

ぬけて高い成長率を保持している。

ところが,世界金融危機により世界経済が大きく減速しているなかで,これまで高成長を持続していた中国にもその影響が及び,2008年の実質GDP成長率は9.0%となった。IMFによると,2009年の世界の実質GDP成長率(購買力平価〔PPP〕ベース)は0.6%減と戦後初めてのマイナス成長となった。そのうち,中国のGDP成長率は8.7%であった,世界GDP成長率に対する寄与度は1.0である[10]。2012年以降,それまでの10%前後の高成長から7%台の成長率に鈍化をしている。2015年には6.8%まで低下したが,成長率は主要国の中で最も高く,世界経済成長率に対する寄与率は33.6%に及び,引き続き世界の牽引役となっている(図表1-1)。

図表1-1 国・地域別GDP成長率・寄与度の推移

	2008年		2009年		2010年(予測)		2012年		2015年	
	伸び率	寄与度	伸び率	寄与度	伸び率	寄与度	伸び率	寄与度	伸び率	寄与度
米国	0.4	0.1	Δ2.4	Δ0.5	3.1	0.6	2.2	0.4	2.5	12.2
EU	0.9	0.2	Δ4.1	Δ0.9	1.0	0.2	Δ0.6	Δ0.1	1.8	9.6
日本	Δ1.2	Δ0.1	Δ5.2	Δ0.3	1.9	0.1	1.9	0.1	0.8	1.1
東アジア	6.9	1.3	5.4	1.0	8.3	1.7	6.1	0.2	4.7	7.4
中国	9.6	1.0	8.7	1.0	10.0	1.3	7.8	1.1	6.8	33.6
インド	7.3	0.3	5.7	0.3	8.8	0.4	3.2	0.2	7.5	15.5
中南米	4.3	0.4	Δ1.8	Δ0.2	4.0	0.3	3.0	0.3	0.5	1.3
中東欧	3.0	0.1	Δ3.7	Δ0.1	2.8	0.1	1.4	0.0	2.6	6.0
ロシア	5.6	0.2	Δ7.9	Δ0.2	4.0	0.1	3.4	0.1	Δ2.2	Δ3.1
中東*北アフリカ	5.1	0.2	2.4	0.1	4.5	0.2	4.5	0.2	2.6	6.0
サブサハラアフリカ	5.5	0.1	2.1	0.0	4.7	0.1	4.9	0.1	4.4	4.1
世界	3.0	100	Δ0.6	100	4.2	100	3.1	100	3.3	100

出典:『ジェトロ世界貿易投資報告―海外市場の新たなフロンティア開拓に向けた日本企業のグローバル戦略』各年版,JETRO。

(4) 対外経済依存度の高まり

中国はFDI投資を通じて「輸出型」の高度経済成長を維持することにともなう対外依存度が高まっている。WTOの発表によると,中国の輸出入総額の世界輸出入総額に占めるシェアは,2002年の4.7%から2006年の7.2%に

---

[10]『ジェトロ世界貿易投資報告―海外市場の新たなフロンティア開拓に向けた日本企業のグローバル戦略』2010年版,JETRO (p.1)。

上昇し，世界のランキングは2002年の第5位から2005年，2006年の第3位に上がった。そして2009年中国の輸出入総額は2兆2,000ドルで，2005年の1.5倍となり，世界ランキングは2005年の第3位から2009年の第2位に上り，その内輸出額は第3位から第1位となっている[11]。2000年時点で世界第8位だった中国の輸入は，2009年にはドイツを追い抜き，世界第2位となった。さらに，2014年にかけて中国の貿易総額は前年比3.4%増の4兆3,030億ドルと，初めて4兆ドルを突破した前年に引き続き過去最高を更新した。WTOの2015年4月の発表によると，中国は2年連続で世界最大の貿易国となった（輸出は中国が，輸入は米国が首位）。輸出対GDP比率は，1994年以降20％台で推移していたのに対して，輸入対GDP比率は2000年までに10％台で推移していた。そのため，対外依存度は2000年にそれ以前の30％台から40％台に上昇した。さらに2007年に60％を超え，ロシアの55％，ブラジルの30％，インドの27％，EUの26％，日本の25％，米国の24％をはるかに上回っている[12]。貿易黒字の拡大に伴い経常収支黒字の規模は急に

図表1-2　2001-2015年の中国経常収支黒字額対GDPの比率及び対外依存度（%）

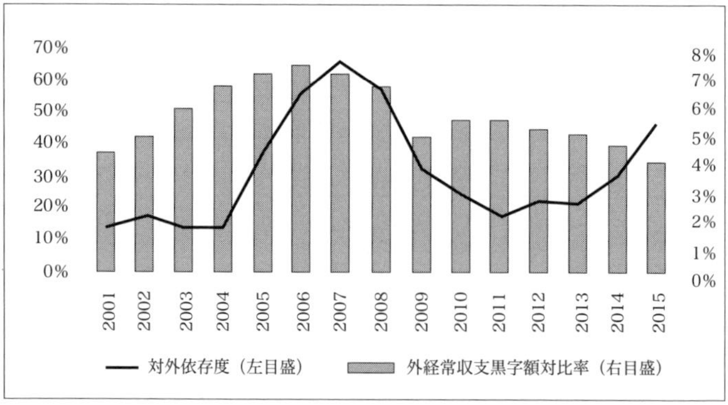

出典：中国為替管理局：2015年中国国際収支報告」2016年3月31日。

---

11) 中国国家統計局；統計分析報告：「十六大到十七大経済社会発展回顧系列報告」
http://www.stats.gov.cn.
12) 胡鞍鋼，王京濱訳『経済大国中国の課題』岩波書店出版，2007年12月21日，第1刷発行（p.148）。

拡大しており，対GDPの比率も上昇している。中国経済発展が対外経済に大きく依存していることになった。ただし，2008年の世界金融危機をきっかけに，中国が内需拡大政策に転換し，対外依存度は大きく落ち込み，2015年には36.4％に低下した（図表1-2を参照）。

第2節　世界生産拠点の中国への移転

(1) 世界対中国の直接投資

　90年代以降，グローバル化経済の進化に伴い国際分業はより深化してきた。国際分業が深まっている中で，世界生産拠点は迅速的に中国に移転し，優秀かつ安価な労働力を整えている中国は，90年代から米国が主導したグローバル化経済の下で加速されている国際分業体制に有力な舞台を提供しており，世界対中国の直接投資は拡大し続けている。

　FDIの流入は2001年の469億ドルから2006年の630億ドルまで増加し，年平均6.1％増加している。1980-2006年中国におけるFDIの流入（2000年の価格で計算）が示しているように対中FDI投資は3つの段階の特徴がある。1979-1990年には実験段階にあり，対中FDI投資は非常に緩やかなベースで成長している。1991-1997年には対中FDI投資は迅速に増加している。1997年のアジア危機より一時的に下落したが，2001年中国のWTO加盟以降，対中FDI投資はアジア危機から抜け出し，FDI投資規模が急速に拡大している。2003年には，対外投資の対象国としては，中国が金額面トップであった。それまで，最も多額の外資を引きつけた人気国は常に米国であった。ところが2003年には中国が断然にリードして，530億ドルを導入し，米国は400億ドルにとどまった。資本に伴って，技術や知識も流入した[13]。2015年の対中国FDI（銀行・証券・保険分野を含まず）は，契約件数が2万6,575件で2年連続の増加となった。実行ベースの投資額は1,262億7,000万ドル，3年連続で過去最高を更新した。

---

13) テッド・C・フィッシュマン，仙名紀訳『中国がアメリカを超える日』ランダムハウス講談社，2006年9月21日，第1刷発行（p.29）。

産業別にみると対中 FDI 投資は製造業に向けて集中している。1997-2001 年の間，製造業への投資は FDI 総額の 61％を占めている。サービス産業は 35％，第一次産業の割合はわずか 3％である。WTO 加盟後，製造業への FDI 投資は続いている。2001 年の 302 億ドルから 2005 年の 382 億ドルに増加し，年平均成長率は 6％に達した。したがって，製造業の FDI 投資の比率は 2001 年の 66％から 2005 年の 70％に上昇した。そのうち，技術集約型と資本集約型産業への FDI 投資も増加している。例えば，2005 年は電子・通信機器の FDI 投資は最大になっており，外資企業の総資産の 22％を占めている。相次いで輸送機械設備 9％，精密機器は 7％を占めている。こうした高付加価値の FDI 投資は 50％を占めている[14]。FDI 傘下の加工貿易の輸出が大幅に上昇している。

(2) 米国対中国の直接投資

FDI 投資の国・地域別にみると，中国商務部による 2007 年対中国の直接投資の純流入は 1,214 億ドルであり，2006 年よりはるかに大きい，外貨準備高への貢献率は 26％に達した。中国への FDI 金額の上位は，中国香港（790 億ドル），米国（97 億ドル），中国台湾（69 億ドル），日本（67 億ドル），シンガポール（64 億ドル），韓国（47 億ドル），英国（26 億ドル），ドイツ（21 億ドル）などであり，それらの国は中国における直接投資総額の 90％を占めている。中国本土の企業香港・台湾を除けば，米国は中国直接投資の最大の相手になっている[15]。ところが，2015 年の中国への FDI 金額の上位は，中国香港（927 億ドル），シンガポール（70 億ドル），台湾（44 億ドル），韓国（40 億ドル），日本（32 億ドル），米国（26 億ドル）である。

世界生産拠点の移転や年々増加の傾向がある FDI 投資は，中国を「世界の工場」の地位に確立させ，グローバル化に変容した中米経済は米国の西漸運動を拡大した中国版と言えよう。米国対中国の FDI 投資は 90 年代から著しく増加してお

---

14) 陈春来「中国加入 WTO 后外国直接投资的总体趋势和特征」『中国市场化与经济增长』社会科学文献出版社，2007 年 12 月 第 1 次版，(pp.179-180)。
15) 中国国家商務部； 統計分析報告：「2008 年前三季度対外貿易運行情況」。

り，契約件数と金額はそれぞれ対中FDI投資総額に大きなシェアを占めている（図表1-4を参照）。2007年のサブプライムローン問題の発生以降，米国対中国の直接投資は低下している傾向が現れている。近年，米国からの対中投資が減少する中，実行額全体を増加させた主因だとみられている。

改革開放以来，米国対中国への直接投資は，技術と生産向上を促進し中国の経済発展に大きく寄与している。とはいえ，中国と米国経済はアウトソーシング（out-sourcing）を通じて，中国では商品生産を拡大させ，労働集約型の中

図表1-3　1986年〜2014年に米国及び世界対中国のFDI状況

0	契約件数			契約外資金額（万ドル）		
	米国	総計	（％）	米国	総額	（％）
1986	102	1,498	6.81	54,184	333,037	16.26
1987	104	2,233	4.66	34,219	370,884	9.23
1988	269	5,945	4.52	37,040	529,706	6.99
1989	276	5,779	4.78	64,052	559,976	11.44
1990	357	7,273	4.91	35,782	659,611	5.42
1991	694	12,978	5.35	54,808	1,197,682	4.58
1992	3,265	48,764	6.70	312,125	5,812,351	5.37
1993	6,750	83,437	8.09	681,275	11,143,563	6.11
1994	4,223	47,549	8.88	601,018	8,267,977	7.27
1995	3,474	37,011	9.39	747,113	9,128,153	8.18
1996	2,517	24,556	10.25	691,576	7,327,642	9.44
1997	2,188	21,001	10.42	493,655	5,100,353	9.68
1998	2,238	19,799	11.3	648,373	5,210,205	12.44
1999	2,028	16,918	11.99	601,611	4,122,302	14.59
2000	2,609	22,347	11.67	800,089	6,237,952	12.83
2001	2,606	26,140	9.97	751,487	6,919,455	10.86
2002	3,363	34,171	9.84	815,647	8,276,833	9.85
2003	4,060	41,081	9.88	1,016,147	11,506,969	8.83
2004	3,925	43,664	8.99	1,216,516	15,347,895	7.93
2005	3,741	44,019	8.50	1,351,150	18,906,398	7.15
2006	3,205	41,473	7.73	299,995	6,582,100	4.56
2007	2,627	37,871	6.94	261,623	7,476,789	3.50
2008	1,772	27,514	6.44	294,434	9,239,544	3.19
2013	−	−	−	335,300	11,758,600	2.90
2014	−	−	−	267,000	11,956,000	2.20

出所：中国国家商務部；投資統計：2005年〜2014年の「（外商直接投資）利用外資分国別/地区分析表」等より筆者作成。

国と技術集約型・資本集約型の米国とは構造的に補完している。

多くの研究「Kaminski and Smarzynska (2001)」[16]によればFDI投資は国際生産分業を形成する重要な原因であると見られている。大量FDIの流入で中国の生産活動が世界の国際分業をより深めている。多国籍企業によって研究開発から資本設備・中間部品調達，生産・流通・販売までの工程を分解して，最適に分配している。分業工程には中国が深く参入している。ただし，国際産業分業の中で中国が低付加価値分野で生産を行い，米国など先進諸国が高付加価値分野の技術の開発・向上に努めている。国際分業工程を見ると，労働集約型産業に比較優位を持つ中国は技術集約型と資本集約型が中心になっている米国等先進国とは競合の関係ではなく補完関係にあるといえる。

第3節　グローバル化で樹立された「世界の工場」

上述のとおり90年代に入って，世界グローバル化経済を背景に世界の大手メーカーが中国に進出し，大規模な直接投資を受け入れた中国は「世界組立工場」となっている。とりわけWTO加盟後，対中国直接投資と対外経済規模が拡大している中で，中国の改革開放は世界経済とのリンケージを加速させ，中国の経済体制が近代化へ向けて大きな一歩を踏みきった。明らかに，WTO加盟によりFDI投資と対外貿易の規模は拡大してきたため，中国経済は急速に成長している。年々増加の傾向があるFDI投資は，国際分業を強化し中国の加工製造業の能力が著しく高まり，「世界の工場」の地位を確立した。

そしてFDI投資は中国の雇用を増加させ，西部農村の貧困問題も緩和されている。また，FDI投資で中国と世界の経済の繋がりが深まり，貿易取引の規模がかなり拡大し続けている。特に米ブッシュ政権がリードした自由貿易の体系の中で，中国は大きな利益を得ていると言え，冷戦時代の「閉鎖国」から「貿

---

16) Kaminski, B. and Smarzynska, B.K., 2001, "Foreigh direct investment and integration into global production and distribution network :the case of Poland", *World Bank Policy Research Working Paper*, No.2006.

易大国」に転換した。

(1)「世界の工場」の樹立

90年代から欧米や日本,韓国及び台湾の大手メーカーは相次いで中国に研究開発機関を設置した。2001年のWTO加盟以降は更なる研究開発,企画設計などを一層強化した。WTO加盟により,中国は外資企業を地元企業と同等に扱う「外資への国民待遇の付与」や「非関税障壁の削減」など,国際規則に従って市場開放を内外にアピールした。

こうした結果,欧米諸国をはじめ,世界各国の対中直接投資やビジネスなどの熱気を浴びるようになった。例えば,GM,モトローラ,IBMとコダックなどの米系大手メーカーは積極的な対中投資を展開した。ドイツ,フランスなどEU諸国の対中投資も乗用車,大型機械などの分野で大きく拡大してきた。それと並び日本,韓国,シンガポールなどからの直接投資と企業進出が増加し,香港,台湾及び東アジアからの投資増加も続いている。さらに外資系企業は中国での経営基盤を高め,現地での研究開発・生産投資・販売などを行っている。外国企業対中国のFDI投資は中国では国際生産分業を強化し世界的な生産能力が高まっている。具体的に見てみると珠江デルタと長江デルタには世界的産業集積の形成が対中FDI投資の規模を表している。

とはいえ外国企業の進出は中国を「世界の工場」の地位に確立させ,珠江デルタ地域,長江デルタ地域[17]に世界的規模の電子・通信機器,家電の産業集積地が形成された。この二地域は中国のIT産業の集積地である。珠江デルタと長江デルタでは経済的に海外とのつながりは密接であり,海外からの直接投資額が中国全体の半分以上を占めている。珠江デルタと長江デルタはそれぞれ特徴を持ち,珠江デルタは軽工業を中心に産業集積を活かした加工貿易に集中し,海外市場に向けて工業生産を行っている一方,長江デルタは中国国内市場

---

17) 珠江デルタは広東省に位置し,香港の北側,経済特区として深圳から,広州,東莞など珠江江口流域に広がる地域を指す。長江デルタは上海市から,蘇州,南京を擁する江蘇省,浙江省長江流域に広がる,中国の従来から最大の工業地帯のことである。

を開拓しようとする国内市場向けの工業生産を行っている。珠江デルタと長江デルタは，中国の対外開放経済の窓口として全体経済成長を引っ張ってきた。このように現代中国の発展を支えるのは，もっとも早くから自由市場経済を導入し発展を始めた珠江デルタと長江デルタであるといえる。

そして珠江デルタでは，香港，日本，台湾，韓国等の企業が進出し，繊維，雑貨，電子部品，家電，金属・プラスチック加工などの組立拠点がつくられ，「加工貿易」を主体としている。長江デルタでは，日本，韓国の家電・機械製造業，欧米系の情報通信業，自動車・半導体製造業等の企業が集まっている。長江デルタは携帯電話，半導体などの産業が強い。珠江デルタのような組立て加工型ではなく，ある程度の技術力を必要とする先端IT産業が集積しているのが特徴である。エクソン，シーメンス，日立製作所，ソニー等のメーカーがすでに進出している[18]。

珠江と長江デルタには世界的なメーカーも含め，パソコン，携帯電話などのIT関連製品，時計，カメラなどの精密機器及び電子機器などの製造拠点や委託加工先が多く設立された。中国では主要産業における生産規模の拡大と世界シェアの上昇が「世界の工場」という地位を樹立した。ところが，国際生産分業における長江デルタと珠江デルタがいずれにしても，労働集約の作業分野に位置し，加工または製造など付加価値が低い分野で作業を行っている。

(2) 雇用創出

こうした大規模な外国企業進出により珠江デルタと長江デルタでは「世界的産業集積地」が形成され，地域的な経済を著しく促進させている。珠江デルタと長江デルタの著しい経済発展は国内経済を全体的に引き上げ，中国経済の牽引車になっている。さらに中国では外国企業の生産拡大は国内雇用問題を緩め，内陸貧困農村から大量に流出した労働予備軍，農村や都市の余剰労働力が吸収されている。

例えば，中国南部の珠江デルタは，香港資本からの「三来一補」（来料加工，来件加工，来様加工，補償貿易）により委託加工企業が発展し，その後は委託加

---

18) 大前研一『チャイナ・インパクト』講談社出版，2002年4月10日，第2刷発行(p.98)。

工の「三来一補」から外資との合作・合弁へと発展していった。1980年代の珠江デルタの主要産業は香港資本による靴やアパレル・雑貨・電気・プラスチックといった産業が中心であったが、その後に日系の精密機械や家電・複写機・電子部品の産業が入り、1990年代中期には台湾・米国・EU ハイテク産業が積極的に投資を始めた。その結果、広東省東莞市にはパソコンやその周辺機器産業が集積し、高い国際競争力並びに雇用を創出している。

1990年代に入ると、外資系企業の「三資企業」（合作・合弁・独資）、特に日本、中国香港・台湾の独資企業が急増し、珠江デルタは「世界の工場」といった様相を見せ発展してきた[19]。また、珠江デルタだけでなく中国の最大工業、商業中心としての長江デルタ（上海の周辺）の輸出加工区や高新技術開発区にも外国の投資をはじめ、世界的メーカーの対中国投資の中心になっており、内陸農村から大量の労働力を雇用している。

毎年大量の農村労働力が沿海部の大都市を目指して出稼ぎに行くことが恒例となった。沿海部の合弁企業や外資企業は農民工を吸収して、雇用拡大には大きな役割を果たしている。2001年に外資系企業に働いている人数は671万人から2008年の1,823万人に増加し、さらに2014年には2,954万人に達した[20]。直接投資と対外開放政策の変化は雇用拡大を確保し続けている。

(3)「貿易大国」化への転換

中国は社会主義計画経済から市場経済の軌道に乗ってから、FDIを通じて、高度経済成長を遂げた。中国が急成長している大きな理由の一つは、欧米や日本などを代表する先進国が継続的に資本を投下していることにある。1978年以来、中国には5,000億ドルの外資が流入し、現在の工業生産の三分の一はそのおかげで実現できたものであるという。2003年に、中国で操業する外国企業の輸出入は四割あまりも増えた。現在では、中国の貿易の半分以上を外国

---

19) 石田浩『中国農村の構造変動と三農問題―上海近郊農村実態調査分析―』2005年9月20日初版、第一刷発行 (pp.187-188)
20) 中国国家統計局；統計数据庫 http://www.stats.gov.cn.

企業が取り仕切っている。外国企業の多くは原材料を中国に持ち込み，加工したものを輸出する。

　2009年における中国の対外貿易総額は2兆2,072億ドルに達し，輸出額はドイツ（1兆1,271億ドル）を上回り，初めて世界最大となった。世界の輸出総額に占めるシェアは9.8％とほぼ1割に迫った。1999年にはわずか3.5％だったシェアは，この10年間で約3倍に拡大したこととなり，ドイツを抜き世界一となった。2009年における外資系企業による貿易総額は1兆2,174億ドルとなり，2008年に引き続き1兆ドルの大台を突破した。この結果，中国の対外貿易に占める外資系企業の割合は55.2％（輸出55.9％，輸入54.2％）となった（最高値は2006年の58.9％）。2014年における中国の貿易総額は前年比3.4％増の4兆3,030億ドルと，初めて4兆ドルを突破した前年に引き続き過去最高を更新した。WTOの2015年4月の発表によると，中国は2年連続で世界最大の貿易国となった（輸出は中国が，輸入は米国が首位）。そのうち，中国の対外貿易に占める外資系企業の割合は2006年の58.9％をピークに低下しているが，2014年は46.1％（輸出45.9％，輸入46.4％）となった。中国の対外貿易において，外資系企業は引き続き牽引役を担っている。

(4) 加工貿易を中心とした中国の産業構造の脆弱性

　中国の輸出の半分は加工貿易であり，輸入部品が中国の工場に集められ，50％以上は外国の会社や合弁企業から生産されている。こうした中国の加工貿易を中心とした貿易構造は脆弱性を持ち，比較優位性を持つ労働集約型の輸出産業は，海外の技術や資本に大きく依存している。このことは中国本土の企業の世界へ向けた新たな産品の開発・生産投入・販売などの独立性を弱めており，ハイテク産業において技術の開発・向上への発展を妨げている。

　加工貿易を中心としての中国貿易の現状は中国経済の対外依存度が高いという結論を強く裏付けている。「輸出型」経済の高度成長と同時に，厳しい経済構造問題も累積されてきた。例えば，高資源消費，高エネルギー消費，高汚染，低付加価値製品の輸出は中国経済の成長，資源及び環境を悪化させている。

上述のとおり，2001年のWTO加盟に伴い，直接投資は飛躍的に増加し，外資系企業が中国経済に占める比重は年々大きくなりつつある。このため，中国の輸出産業が外資系企業の傘下の加工貿易に左右され，製造，加工および組立などの労働集約型産業基盤は弱く，エネルギーや優秀な人材の活用など経営の資源分配は非効率であり，貴重な生産要素（ヒト，モノ，資本）は輸出産業に多く置かれている。このため，非輸出産業及び国内企業の成長が抑制されている。2006年から中国は産業構造問題を認識し経済基盤の強化と経済開発バランスの合理化を目指す政策に変わって，環境，省エネコストを抑え，低コストで生産を行っていた「加工貿易」に対する規制を行い始めた。輸出増値税の還付率調整は，2006年12月に広範な品目にわたって実施され，2007年に入ってからも，加工貿易禁止項目の指定など輸出抑制策が次々と出され，加工貿易政策の調整を本格的に行っている[21]。

近年，中央政府は経済構造調整と発展モデルの転換を進めるため，貿易政策についても「両高一資」（高エネルギー消費・高汚染・資源消費型産業）品目の輸出を抑制すると同時に，イノベーション能力の向上などの産業高度化に必要な先端技術や重要な設備・部品の輸入促進を進めている。貿易構造的な非合理性を是正する方針が定められ，高付加価値を目指す動きが強まっている。

そして，単なる安価な労働力に頼っている加工貿易産業は外部ショックを受けやすく，持続的な経済成長の足枷になっている。加工貿易を中心とした「輸出志向型」の中国経済構造は対外経済への依存が高く，外部経済変化への敏感度が高く経済成長に伴うリスクも大きくなっている。2008年の輸出を貿易形態別にみると，一般貿易が前年比22.9％増の6,626億ドル（シェア46.4％），加工貿易は9.3％増の6,752億ドル（47.3％）と，加工貿易の伸びが1ケタ台に鈍化した。世界金融危機を受け，2009年には，一般貿易が前年比20.1％減の5,298億ドル（シェア44.1％），加工貿易が13.1％減の5,870億ドル（48.8％）となった。2014年には，一般貿易が前年比10.7％増の1兆2,037億ドル（構成比51.4％），

---

21) 中国国家商務部；統計分析報告：「2006年前三季度中国対外貿易発展状況（輸出退税和加工貿易政策調整）」。

加工貿易が2.8％増の8,844億ドル（37.7％），その他が2.6％減の2,547億ドル（10.9％）となった。加工貿易の構成比は前年に比べ1.2ポイント低下した。

　外資資本や外国技術に依存する中国では過去30年間，対GDP平均投資率は40％前後を維持している。中国の投資率は世界の平均投資率より高い水準を維持しているが，中国の投資効率は非常に低く見られている。追加的生産に必要な追加的投資額を示す限界資本生産比率（ICOR）は5に達するかもしれないが，低い投資効率では現在の成長モデルの持続は難しいと見られている[22]。このように中国は持続的な経済成長を維持するために産業構造調整に迫られている。とりわけ，外資系企業，合弁企業は経済基盤が良い沿海部に集中して，経済発展の不均衡による地域的な経済格差を拡大させ，内陸の生産力の低下などの社会的な歪みが生じてきたことがあげられる。近年，これらの問題が顕在化され，今の経済減速につながっていると考えられる。

　中国政府は対外経済構造の合理化を重視し，健全な輸出産業構造を構築させるために，エネルギー大量消費型，高汚染型，資源多消費型製品，付加価値の相対的に低い労働集約型製品の輸出や，貿易黒字の拡大を抑制し，2007年から2008年の前半にかけて，関連製品の輸出増値税還付率の引き下げ，加工貿易禁止品目の追加など，輸出抑制的措置を強化してきた。輸入に関しては，国務院弁公庁（内閣官房に相当）は2014年11月，「国務院弁公庁の輸入拡大に関する若干の意見」を通知し，国内生産や国民生活の需要を満たし，商品の質と量を高め，起業やイノベーション，経済構造の最適化・高度化を推進することを目指すとした。具体的には先進的な技術・設備，基幹部品の輸入奨励，資源商品の安定輸入など8分野に注力すべきとしている。

第4節　国際分業の深化で拡大した中米間経常収支不均衡

　以上みてきたように，世界グローバル化経済が進展している中で，中国の対

---

22) 余永定「人民元為替制度改革の歴史の一歩」権哲男（訳）『国際金融』1164号（平成18.5.1）(p.15).

外優遇政策は世界グローバル化をさらに助成し外国対中国の FDI を促進させた。外国対中国の大規模な FDI は中国の経済成長に大きく貢献しており，中国を貿易大国の地位に押し上げた。とりわけ外国企業傘下の加工貿易の急速な拡大は中国の貿易収支状況を改善させ，貿易収支が黒字に定着した。その内，対米国の輸出規模は著しく拡大し，貿易収支黒字の総額に大きな割合を占めている。

　1992 年から 2010 年 12 月末に，中国が米国の輸出入総額に占める割合は 3.5％から 14.3％に増加しており，日本，韓国，マレーシア，タイ，インドネシア等アジア諸国の輸出入総額に占める割合はそれぞれ，5％から 20.4％，4％から 22.8％，2.2％から 12％，3.5％から 12.7％までに増加している。資源国の豪州の輸出入総額に占める割合は 3.7％から 20.6％に達した。中東産油国輸出入総額に占める割合も大幅に増加している[23]。

　中国の貿易黒字の構造からみると，中国対欧米の貿易収支は黒字になった一方で，東アジア諸国及び大洋州国の貿易収支は赤字になっている。中国は日本，韓国等東アジア諸国から，中間財，部品，資源及びエネルギーなどを輸入して，中国で現地加工して最終消費財を欧米へ向かって輸出している。この故に，対中国 FDI の主要国及び地域としての中国の香港・台湾，日本及び韓国は，80，90 年代に米国の主要貿易赤字相手国となったが，代わって中国は米国の主要貿易赤字相手国になってきた。すなわち，米国がリードした外国対中国の FDI を通じて，米国の貿易赤字国においては，中国が新しく加わったことになった。

(1) 国際分業で形成された「加工貿易」の特徴

　これまでに中国と米国との貿易関係は緊密化してきており，中国の米国との貿易結合度（輸出ベース）は，80 年代で 0.5 ポイント，90 年代で 1.0 ポイント，2000 年代で 1.3 ポイントと上昇してきた。また，GDP に占める米国への

---

[23] *Financial Times*, Tuesday January 18, 2011, "A strategy to straddle the planet - China is seeking to forge a new phase of globalisation in which it helps mould the relationships and rules at the core of the international economy", write Geoff Dyer, David Pilling and Henny Sender.

輸出額の割合も，80年代で0.7％，90年代で2.9％，2000年代で5.9％と増加しており，米国経済の動向が中国経済に影響を与えやすくなっている。アジア諸国の中国との貿易結合度（輸出ベース）[24]は，韓国が90年代の2.1ポイントから2000年代には3.5ポイントに拡大した。シンガポールが1.0ポイントから1.4ポイントへ，マレーシアが1.0ポイントら1.2ポイントへ，タイが0.8ポイントから1.4ポイントへと上昇してきた。また，中国向け輸出額の対GDP比をみても，韓国は90年代の1.6％から2000年代には5.7％へ，シンガポールは3.3％から12.2％へ，マレーシアは2.0％から6.0％へ，タイは0.8％から4.1％へと拡大してきており，それぞれ中国への依存度を強めている[25]。その中国は，工程間分業を軸とする生産ネットワークの拡大などから，アジア各国・地域との緊密度を高めている。

そして，中国の高い経済成長はますます国際分業において生産工程の分解を強化し，加工貿易に関連する中間製品の貿易は世界的に加速している。中国では中間製品の貿易はアジアに集中しており，80％の中間製品がアジアから輸入されている。一方で，中国は最終消費財を主として輸出しており，輸出先が米国に集中している[26]。結局，中国対日本・韓国・ASEAN5カ国の貿易取引は赤字になっている一方で，対米国の貿易黒字が拡大し続けている。つまり，中国は，日本・韓国・ASEAN5カ国の「代理輸出」国になっているわけである。

具体的な数字をみると，中国商務部「2006年中国対外貿易趨勢(2006年の秋)」の報告書によれば2005年，中国対米国の黒字が1,142億ドルに達し，1995年より12.2倍に増加した。1995年の中国対EUの貿易は17億ドルであったが，2005年の631億ドルの黒字に転じた。一方で中国対日本，韓国，ASEAN5

---

24) 貿易結合度とは，世界全体の貿易量を基準とした時，二国間の貿易関係が基準からどの程度かけ離れているかを示す指標である。「1.0」を超えれば当該2国間の貿易関係は結びつきが強いとされる。輸出面における貿易結合度は，下記のとおり。A国から見たB国との貿易結合度＝(A国からB国への輸出額／A国の総輸出額)／(B国の総輸入額／世界の総輸入額)

25)『ジェトロ世界貿易投資報告―世界経済・貿易・直接投資』2009年版，JETRO（p.2)

26) 李坤望・宋立鋼・趙興軍「 零部件貿易 中国参与国際分工的新途径」『中国市場化与経済増長』社会科学文献出版社，2007年12月，第1版1刷 (p.57)。

カ国（インドネシア，タイ，シンガポール，フィリピン，マレーシア）及び中国台湾に対する貿易は赤字に転換した。中国対日本，韓国，ASEAN5カ国の貿易赤字合計で1,359億ドルであり，1995年の7.9倍に増加した（図表1-4を参照）。

図表1-5に示したように，中国は対欧米への貿易黒字を拡大している一方で，ほぼ同じ規模で対日本・韓国・東アジア諸国の貿易赤字を拡大した。したがって，中国の対米貿易黒字は事実上，東アジア域内の対米貿易黒字である。上述のとおり，中国は中間財・部品を東アジア域内から調達し，完成した最終消費財を米国に輸出しているからである。2008年の世界金融危機以降，中国対米国の貿易黒字額は減っていると同時に，対日本など東アジア諸国の赤字額も縮小している。

中国の輸出の半分は加工貿易であり，輸入部品を東アジア諸国から調達し中国の工場で加工され，60％は外国の会社や合弁企業で生産されている。中国を中心工場とする東アジアは部品や組み立てを域内で分業しあう工程分業で域内貿易の比率を高めてきた。最終製品の消費地は欧米に依存する。例えば，パソコンの場合，日本から電子部品の原材料や製造装置を韓国に供給し，韓国で半導体と液晶が作られる。そして中国はこのような部品を韓国から輸入して最終製品を組み立ててからこれを米国など欧米に輸出している。ノート型パソコンはほぼ全部が東アジア域内で生産されるが域内販売は25％に過ぎない。そして，東アジアで生産される自動車の6割，船舶の4割しか域内で販売されていない[27]。ハイテク製品はASEAN，日本，韓国，台湾などアジア地域から部品などの生産財や機械などの資本財を輸入し，中国で製品化した上で，欧米等に向けて輸出している。

このように中国に進出している外資系企業または国内地上企業が，海外から輸入された原料，補助材料，部品，包装資材，生産設備を用いて，組立を行った後，輸出する取引である。そして，機械・部品の供給サイドの東アジア地域から原材料・素材・部品などを輸入して，世界加工拠点としての中国で生産し，完成した最終消費財を技術開発と世界主要な消費地の米国とEUを中心として

---

27)『日本経済新聞』朝刊，2009年2月2日。

図表 1-4　1995 年〜 2014 年　中国と主要国家及び地域の貿易黒字額（億ドル）

	米国	EU 諸国	日本	韓国	東アジア	中国・台湾
1995	85.86	17.34	△5.38	△36.05	△3.71	△116.86
1996	105.28	△21.58	17.05	△49.82	△10.01	△133.78
1997	164.14	0.18	28.44	△58.03	△2.91	△130.44
1998	210.65	46.28	13.85	△87.62	△16.33	△127.62
1999	224.69	73.95	△13.52	△94.18	△26.52	△155.77
2000	297.36	73.47	1.43	△119.15	△48.40	△204.55
2001	280.80	51.84	21.54	△108.58	△48.39	△223.29
2002	427.21	96.69	△50.31	△130.77	△76.29	△314.77
2003	586.01	154.65	△147.39	△230.33	△164.01	△403.56
2004	802.85	316.15	△208.18	△344.23	△200.68	△512.15
2005	1,142.69	631.05	△164.21	△417.13	△196.27	△581.31
2006	1,442.60	916.60	△240.80	△452.50	△182.20	△663.70
2007	1,633.20	1,342.30	△318.80	△476.20	△141.90	△775.60
2008	1,708.57	1,601.99	△345.17	△382.11	△28.32	△774.60
2009	1,433.80	1,085.20	△330.30	△488.70	△4.10	△652.10
2010	1,811.88	1,373.20	△556.93	△695.83	△165.41	△860.64
2011	2,023.39	1,264.20	△462.92	△797.86	△226.88	△898.08
2012	2,189.10	1,097.88	△216.66	△80.966	84.51	△954.05
2013	2,160.64	8,157.20	△121.13	△919.08	444.82	△1,157.71
2014	2,370.46	1,025.77	△135.55	△898.12	637.50	△1,057.45

図表 1-5　1995 〜 2009 年中国と主要国及び地域の貿易黒字推移

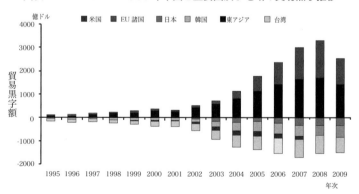

出所：中国国家商務部；統計分析報告：「(2006-2010) 年中国対外貿易発展」；『中国統計年鑑』各版等より筆者作成。

輸出するといった加工貿易構造は中国貿易の特徴である。90年代の半ばから加工貿易の増加率は年平均20%であり，輸出総額に占める割合は53%を記録している。そのうち，加工貿易の9割ほどは多国籍企業が行ったものである。

国際分業は加速している対中FDIを伴い，多国籍企業傘下の加工貿易の大幅な拡大は，中国の貿易収支黒字の膨張を押し上げた。貿易収支黒字の総額には対米国の黒字が大きなシェアを占めている。90年代にかけて，FDIに支持されている加工貿易の製造業総輸出額での比率は大幅に増加している。とりわけ中国対米輸出のかなりの部分は，中国でアウトソーシング（out-sourcing）をした米国系企業が行っているものである。

輸出入している産品は最終使用からみると，最終消費財，中間製品及び資本財である。そのうち，中間製品が輸入総額に大きなシェアを占めている。グローバル経済化で形成された米国→東アジア→日本→中国→米国のトライアングル貿易構造は現代国際貿易の特徴である。この結果，中間製品の貿易取引は持続的に赤字になっている。中国は東アジアでは最大の中間部品の輸入国になっている。輸出入総額に占める中間製品の割合はそれぞれ大きく，中国における生産・貿易拡大と世界の相互依存関係は深まっていると示唆している。

(2) 国際分業強化による世界経済のカップリング

国際分業深化における経緯をより詳しく分析すると90年代以降，IT産業の革命と通信技術の発達によって先進国の製造業は製造業務のコスト削減や高付加価値化へと特化している。このため国際生産分業工程の中で低付加価値や労働集約型の生産はアウトソーシングを通って海外で行うことが拡大している。製造業の過程をみると企画・研究開発―設計―製造―流通―販売―管理ということが一般である。この流れに多国籍企業はコストの削減を図るとともに高い収益率が期待できる技術優位による新商品の研究開発，サービス事業などに経営資源を集中するようになった。

一方生産過程で作業，組立加工，機械操作などの直接生産業務に携わる技術水

準の低い業務は発展途上国の市場に任せることになった。こうした"6+1"[28]の組合せの生産過程には,知識経済国としての米国・日本など先進国が「経済サービス化」に着目し,実物経済国としての中国と補完的な生産活動が行われている。比較的労働集約優位性を持つ中国は技術開発が先進国よりかなり遅れている。この故に,国際分業工程における低付加価値の末端に置かれている。

　国際分業の工程をよくみると,さらに驚く真実がある,G. リンデン氏らカリフォルニア大アーバイン校の三人の研究者が興味深い分析を発表した。「グローバルなイノベーションの中で誰が価値を獲得しているか」という論文で,定価約99ドルの第五世代 iPod を例に,使用部品から最終的な製品組み立て,販売に至るルートに関与する企業・国を割り出し,付加価値がどう生み出されていくか詳細に追跡している。

　以下,それをみてみる。一台に使われている部品は451個。部品供給企業及び組み立て企業の付加価値ベース製造コスト合計は144ドルで,割合を無視すればこれが米国では299ドルで販売される。差額155ドルはアップルと流通業者の懐に入る勘定である。アップル及び米国の取り分は決して少なくない。統計上は完成品として144ドルで中国から米国に輸出されるが,交錯した国際分業関係による付加価値を差し引きすると,実質的な中国の対米黒字は組み立て分の4ドル程度に過ぎない。中国の膨大な対米貿易黒字をこうした角度から詳細に点検すると,表面的な数字とは異なる意外な実態がありえるというわけである。

　この事例からみると,中国が膨大な貿易取引に占める付加価値は低く,実際に中国対米国の貿易黒字額は多くの国の複合の生産付加価値の総額である。この事例に限らず,米国の「Foreignpolicy」によれば,90％の電子産品が中国とメキシコで加工して輸出されているが,中国とメキシコはその商品における

---

28) "6+1"多国籍企業の生産活動において産品の企画・開発から管理までの生産過程の中で米国は企画・開発,設計,流通,販売及び管理などの高付加価値をコントロールしているのに対して中国は製造または加工等低付加価値しか把握できない状況にある。こうした"6+1"中米生産過程整合の中で米国が絶対的な優勢を持つこととなり,大きな利益を入手している。

総付加価値に占める割合は少なく，20％に過ぎない。電子・デバイス，iPods 及び携帯電話など付加価値が高い部品を日本，韓国，シンガポール，台湾，EU 及び米国から輸入しているからである。したがって，国際分業の生産工程の分解による「Made In China」の裏には世界製造「Made In World」が付けられている[29]。

より具体的に言えば，米国側は iPod 一個を減らすと，中国の輸出額の記録が155ドルの減少であるが，その中で付加価値がわずか4ドルであるので，中国の GDP は4ドルしか損失にならない。そして日本と東アジア諸国は付加価値の 100-150 ドルを占めているため，輸出減少により大きな衝撃を受けてしまった。この故に，米国の需要が減っていくと日本，韓国など東アジア諸国の経済に大きなダメージを与えてしまうわけである。

前述のとおり，国際分業が加速している中で，東アジアは部品や組み立てを域内で分業しあう工程間分業で域内貿易の比率を高めてきた。その場合，最終製品の消費地は欧米に依存することになっている。このため，欧米の需要が減ると域内の分業生産が減り，相互の分業生産も縮小する。そして域内相互の部品供給も減少する。米国発の不況で米国の東アジアからの輸入が急減すると東アジア域内相互の部品供給も減少する。まさに米国を震源地とする世界的津波の発生であり，ドミノ効果となる[30]。米国に端を発したサブプライムローンの問題はこの世界経済の連動性を証明したといえる。

(3) 国際分業の加速で拡大した中米間貿易不均衡

以上みてきたように90年代に入っても中国政府は 1978 年にスタートした市場経済化改革を強化し続けている。中国の対外開放政策は経済発展に大きな成果をあげた。2001 年の WTO の加盟によって中国の世界経済への統合は加速され，世界経済の中で中国の地位は一層高まってきた。とりわけ，外資優遇政策により誘致された外国対中国の直接投資，貿易及び金融・経済改革といっ

---

29) http://www.foreighpoliciy.com "The myth of "Made in chine"2009 年 9 月 3 日
30)『日本経済新聞』朝刊，2009 年 2 月 2 日。

た様々なチャネルを通じて，国内経済に積極的な影響を与え，高度経済成長を遂げたといえる。

同時に，グローバル化経済の下で，国際分業加速を背景に，世界投資と生産拠点は迅速に中国へ移転しており,労働集約型という比較優位性を持つ中国は，生産能力を高め，商品供給を世界的に増大させ，世界のインフレが抑えられた。先進国は国境を越えて，安価な労働力を享受し，発展途上国は資本や技術の移転を積極的に受け入れ，高度経済成長を実現した。

米国が主導したグローバル化経済戦略と中国の対外開放政策が合致した結果，世界最大先進国の米国と世界最大発展途上国の中国における米国の投資・中国の生産によって国際生産活動は強化され，中国の経済成長を促進していると同時に，中米間経済不均衡が生じてきた。2005年に輸出はGNPの36%を占め，その中で対米国への輸出が22%を占めている。すなわち，中国対米国への輸出は中国のGNPの8%を占めていると意味している。2006年に，中国対米国の貿易黒字は1,442.6億ドルに達し，中国貿易黒字総額の割合の81.3%を占めている[31]。2014年の中国対米国の貿易黒字は2,370.5億ドルであった。対米国の貿易収支黒字額は貿易黒字総額に圧倒的なシェアを占めている。

中米間技術進歩のキャップや比較優位性に従って国際分業が形成され，中米間貿易収支不均衡を軸とする世界経済は著しく発展してきた。とりわけ，グローバル化経済で形成された中米間貿易取引拡大は中国など新興市場と米国経済の連動性が高まってきたことを現している。しかし，巨額な国際収支不均衡は中国の経済成長にとって大きなリスクが伴い，世界経済の変動により影響を受けやすくなっている。

---

31) 黄益平「成熟的中国経済増長引領全球走向白金时代」『中国市場化与経済増長』社会科学文献出版社，2007年12月初版（p.17）。

第2章 アジア域内生産ネットワーク進化から みた中米貿易不均衡問題

第1節 グローバル生産ネットワークの進化とフラグメンテーション型産業内貿易

　第1章での説明により，すでに現代国際分業の特徴，とくに中米間貿易不均衡の現状をおおよそ把握できたと思われる。ただし，第1章では，グローバル化経済で形成された中米間貿易取引拡大の現状を把握することに分析の中心をおいていた。しかしながら，中米間不均衡の問題を考えることにあたって，中国と米国を巡る国際環境の変化を分析することが不可欠である。とくに，1990年代に入っての国際政治・経済環境の大幅な変動により，世界生産工程の国際化は転機を迎え，グローバル生産への道を切り開き，世界生産システムを飛躍的に進歩させた。本章では，中米貿易不均衡の問題を世界生産ネットワークの形成と現代国際分業体制特徴からとらえて分析し，アジア域内生産ネットワークや付加価値貿易という視野から中米貿易不均衡の実態を検討する。

　90年代以降，情報・通信技術が飛躍的に進歩したことに伴い，輸送費・通信費など国際的な交易コストが大幅に低下した，生産工程が国境を越えて行われるようになった。とくにGATT/WTOの一連の交渉を通じて貿易関税が削減し，非関税措置も数多く撤廃し，国際貿易自由化が促進された。とりわけIT産業，通信技術の発展と世界経済のグローバル化が進み，モノ，資本及び技術などあらゆる生産要素が世界中に流通するようになった。情報・通信技術革命と国際経済体制の変革によって，国際生産システムが大きく変貌した。生産工程が地理的に分散化され，グローバル生産のネットワークが複雑的に構築された。グローバル生産ネットワークの概念はErnstが1999年に提出した

ものである。彼によれば、グローバル生産ネットワーク（General Production Network Systems）とは生産と最終消費財の提供及びサービスに関わる企業を連結し、世界各地に生産活動を結び付け、世界価値チェーンを形成することをいう。ジェネーフ国際問題研究所のボールドウィン（Richard Baldwin）が語ったように、生産システムは「絶片化」され、世界中に分散される。国境を超えた生産、流通については、サプライ・チェーン、国際的生産ネットワーク、グローバル・バリューチェーン（以下、GVC）などの概念で考察されてきた。グローバル・バリューチェーンとは、一国だけで生産工程が完結することのない、国を跨ぐ生産ネットワークのことを指す。先進国の企業は、豊富で安価な労働力や資源など、新興国・地域の優位性を生かして生産を強化する直接投資を行い、製造工程間の分業を進めてきた。これがGVCを発展させ、貿易拡大につながった。

　こうした国際生産過程の細分化・分散化は国際分業体制にも大きな影響を与え、貿易構造が従来垂直型分業から水平型分業へ変化し、さらに水平型貿易からフラグメンテーション型産業内貿易に変貌するようになった。国際貿易取引は、主に比較優位（Comparative advantage）理論に基づく先進国が工業製品を輸出し、開発途上国が一次製品を輸出する「産業間貿易」だけでなく、主に先進国間の相互輸出を行う「産業内貿易」を説明する新貿易理論（new trade theory）と、国際分業の分散化・細分化による同製品の生産工程が国境を越えて行われる「工程間貿易」を説明するフラグメンテーション（Fragmentation）理論を加えて、複雑化している。プリンストン大学のグロスマン（Gene Grossman）教授とロッシ－ハンズバーグ（Esteban Rossi-Hansberg）氏は、この新しい国際分業体制を「仕事の貿易(Trade in Good)」と定義した。「仕事の貿易」は、グローバル生産ネットワーク化が進化した象徴であると考えられる。

第2節　アジア域内生産ネットワークと中間財貿易の拡大

(1) アジア域内生産ネットワークの進化

　アジア域内生産ネットワークの進化の過程をみれば，過去の数十年の間に，生産工程を地理的に分散化し，かつ細分化することによって，アジア生産ネットワークは急速に発展してきた。1985年にアジア域内のネットワークに参入した主要な国は，インドネシア，日本，マレーシア，シンガポールの4ヵ国にすぎなかった。日本はインドネシアなどの東アジア資源諸国から生産資源を大量に輸入し国内で加工して，輸出した。その生産サプライ・チェーンの構成は生産ネットワークの基本的な構造をなしてきた。1985年のプラザ合意をきっかけに，円高傾向が進み，日本企業は国内生産コストを削減するために，生産工程の一部をインドネシア，マレーシア，シンガポールに移動し，生産拠点を東南アジア諸国に移転する動きが加速した。そして，日本は中間財を韓国，台湾，タイなどの国に提供し，サプライ・チェーンを構築した。

　ところが，1978年には中国は「改革・開放」政策を実施し，外資を積極的に導入するようになった。とりわけ，2001年にWTOに加盟したことに伴い，アジア域内生産ネットワークは劇的な変化を遂げた。中国は機械・部品の供給サイドとしての日本，韓国，台湾を中心に，アジア諸国から原材料・素材・部品などを輸入して，国内で組み立て，生産した最終消費財を，世界主要な消費地としての米国に輸出するというサプライ・チェーンとデマンド・チェーンという相互関連するシステムを確立した。アジア域内生産ネットワークの進化は域内での生産能力を高め，製造業が急速に発展してきた。そして，東アジアにおける貿易パターンは垂直型分業から水平分業へ，さらに水平型産業内貿易フラグメンテーション型の産品内貿易に変わっている。

　アジア域内生産ネットワークは劇的に進化すると同時に，米国の経済産業は低付加価値の製造業から高付加価値のサービス産業に転換し，脱工業化を進めてきた。1990年代に米国は「金融立国」の戦略を打ち出した。「金融立国」

50

という戦略の下で，米国は低付加価値の製造業を海外に移転させ，発展途上国の安価な労働力を利用して，世界的な生産を行うと同時に，付加価値の高いサービス部門を特化し，特に金融サービス業に拡大していた。それ故に，米国のGDPに占める製造業の比率が低下し続けて，消費品の大半が外国からの輸入に頼っている。以上みてきたように，現在国際分業を大別すると，アジア製造業と欧米のサービス業間に産業分業が形成されたといえる。中国を中心とするアジア製造業と米国を中心とする欧米サービス業の間に相互補完関係が結ばれた。いわゆる，アジア地域と欧米との間に欧米・東アジア・中国という三極の生産体系と貿易分業構造が形成された。

(2) アジア域内生産ネットワークと中間財貿易の拡大

　グローバル生産ネットワーク体系の下で，欧米先進国のサービス業とアジアの製造業との新たな国際分業体制が構築された。グローバル・コモディティ・チョーンズはより高度的に細分化・分散化されている。いわゆる，生産工程の細分化・断片化によって，商品が製造から最終消費財になるまで，中間財の形で世界の各地に大量に生産・流通され，中間製品の貿易が拡大している。国連の広域経済カテゴリー (broad economic categories: BEC) 分類によると，貿易財を最終用途別に，消費財，資本財と中間財に分類している。2009年に世界中間財の輸出額は，消費財と資本財の合計額を超え，世界貿易総額の51％を占めた。そして世界の中間財輸出は，1995年の2兆7,740億ドルから2009年の5兆3,730億ドルへと拡大し，年平均伸び率が4.8％に達している。

　BEC分類を用いて製造工程ごとに分析すると，2010年の中国の輸入に占める割合は，素材 (25.3％)，中間財 (51.9％)，最終財 (22.8％) となっている。中国は，東アジアを中心に輸入した中間財や素材を，最終財に加工して世界に輸出する産業構造となっている。それ故に，アジア域内においては，生産工程の中で組立を特徴とした中国は域内生産ネットワークに組み込まれ，「アジア生産ネットワークの中核的工場」になった。特に中国は環太平洋地域の中間財取引市場の中心をなしている。アジア域内おいて中間財の貿易取引の状況をみ

ると,2009年にアジアの中間財貿易についてみれば,輸入総額が輸出総額を上回っている。そのうち,日本と韓国などの工業国は域内での中間財の輸出国になっている。一方,中国は域内で主に組立工程を担っているため,アジア域内での最大の中間財輸入国になっている。中国はアジア域内だけでなく,世界でも最大の中間財輸入国である。実際,中国は70％の中間財を主に日本・韓国などアジア諸国から輸入して,最終消費財を主に米国へ輸出している。特に中国と米国との間の中間財貿易状況をみれば,米国の対中国向け輸出の半分以上は中間財であったが,輸入は主に最終財であった。それにしても,中国では中間財輸入の大半が中間投入品として輸出製品に使われている。そして輸出製品に中間投入品として使用されている中間財輸入の割合が高い分野をみれば,2009年には,繊維製品（82％），電気機械（77％），金属製品（50％），化学とその他鉱物（47％）などであった（図表2-1を参照）。中国輸出製品には外国の生産中間品が高い割合を占めている。これは,中国がグローバルバリューチェーン（Global Value Chain, GVC）に深く組み込まれているが,外国の技術と高付加価値サービスに依存していることを示唆している。

図表2-1　2009年中国の輸出製品に占める輸入中間投入の割合，輸入カテゴリー別

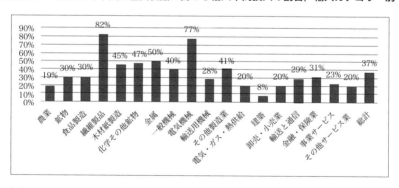

出典:www.oecd.org/trade/valueadded

第3節　付加価値貿易の視野からみた中米貿易不均衡の真実

(1) グローバル生産工程の深化と付加価値貿易

　グローバル生産工程の細分化・片断化によって，一つの最終財が生産されるまでの過程で，様々な国で生産された財やサービスが投入されている。いわゆる，商品は一つの国で生産されたものではなく，実際には「世界生産」といえるほどである。したがって，従来の貿易統計で使われる「原産国」の概念が問われる。2013年1月16日にOECD（経済協力開発機構）とWTOは「付加価値ベース」の新しい貿易統計（Trade Value Added, TIVA）を共同で公表した。「付加価値貿易」とは，財の物理的な移動の記録をベースにした従来の貿易収支概念に対して，財をその生産工程ごとに分解し，各工程における付加価値の源泉を問うことにより貿易収支の輸出国・輸入国の関係を再構築するものである。貿易フローの新指標（付加価値貿易・TIVA）は，これまでの計算方法を改善し，企業の生産拠点を複数国にどのように分散させているかを反映したものである。「付加価値貿易」により，製品の生産に対するコモディティ・チェーンの上で付加価値に対する各国の貢献度合いをそれぞれの国に帰属させることができる。

　OECD/WTO貿易付加価値（TIVA）データベースにより，中国輸出総額に占める外国製品の付加価値の割合をみれば，OECD平均の25%に対して，中国は28%であり，OECD諸国と比べて，中国がかなり高くなっている。輸出製品総額に占める外国製品の割合が最も高いのは化学とその他鉱物，電気機械であり，それぞれ付加価値の40%を占めている（図表2-2を参照）。これは，中国が依然として付加価値の低い生産分野に位置づけられているのを反映している。

(2) 付加価値貿易視野からみた中米貿易不均衡

　以上みてきたように，従来貿易統計で計算した場合，2009年に米国の対中国貿易赤字が1,763億ドルである。これに対して，付加価値貿易によると1,312

図表 2-2 輸出総額に占める付加価値の割合（2009 年）

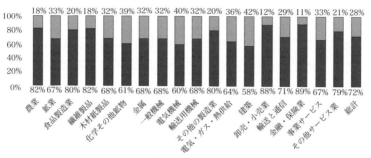

出典：www.oecd.org/trade/valueadded

億ドルであり，25％も減少している。付加価値をベースとした米国の対中貿易赤字は，従来の算出方法より大幅に縮小している。「付加価値貿易」の分析枠組みを用いることで，貿易データのみでは明らかにされない生産ネットワークの現状がより鮮明に浮かび上がる。この枠組みを用いて，中国の対米輸出に占める付加価値の源泉をみると，工業製品では日本やその他の東アジア諸国で生産された付加価値が全体の1割を占める。さらに，付加価値ベースで米中間の貿易収支をみると，従来の貿易収支概念とは異なる姿が提示される。

そして「付加価値貿易」からみるアジア生産ネットワーク国は2010年も2009年に引き続き世界最大の輸出国となった。輸出額は，世界の輸出総額の約1割を占め，中国はまさに世界の工場として「Made in China」の商品を世界中に輸出している。例えば，付加価値貿易ベースに基づき，アップル社のiPhone3GS（16GB）の生産コストは179.0ドルと推測されているが，このうち組み立てを行う中国の労働者による付加価値は6.5ドルに過ぎない。そのほか，172.5ドルは，日本（60.6ドル），ドイツ（30.2ドル），韓国（23.0ドル），米国（10.8ドル）など，様々な国の企業が供給する部品のコストである。しかし，このiPhoneを中国から米国に輸出する場合，従来の貿易収支概念に基づけば，製造コストの総額である179.0ドルが中国の対米輸出額として計上され，

輸出額は中国による付加価値に比べて大きく膨らむこととなる。iPhoneの事例にみられるように，東アジア地域では，高い技術を要する財を日本や韓国が生産し，労働集約的な生産工程を中国やベトナムが担うことで，工程ごとに各国が比較優位を発揮する相互補完的な生産体制を確立してきた。中国の膨大な貿易取引に占める付加価値が低い。実際中国対米黒字の多くは他国の複数生産付加価値の総額である。このように従来貿易統計の下では，最終製品を輸出する国の国際競争力が過大評価される側面があったことのほかに，対米の名目経常収支黒字額も過大に評価されたと考えられる。

　以上みてきたように，アジア域内で中間財貿易の規模が急速に拡大しているため，伝統的な貿易統計体系の下で，グローバル生産の加工又は組立の工程に位置づけられた中国の対米国貿易収支の黒字が過大に評価されている。一方で米国内では，人民元の切り上げを求める声が強まるなど，様々な議論を巻き起こしている。中米間の貿易摩擦は激化している。とりわけ，中米間の巨額な貿易不均衡の問題が世界で注目され，グローバル・インバランスと呼ばれるようになった。

第3章 世界グローバル化に変容した中米経済

第1節 世界グローバル化経済で一体化した中米経済

(1) グローバル・インバランスに関する先行研究

　グローバル・インバランスは米国の経常収支赤字の継続的な拡大と対極にある中国など東アジア・ロシア・中東産油国の構造的黒字である。グローバル・インバランスの中心は中米間の巨額な貿易収支不均衡である。グローバル・インバランスの裏返しとして黒字国であり且つ発展途上国の中国が世界でもっとも豊かな米国に国民の貯蓄を低金利で提供し政府は公的に米国の経常収支赤字をファイナンスする異常な現象が起きていると考えられる。

　米国の正統派経済学は，1980年代の米国経常収支赤字がプラザ合意に続く円とマルクに対するドルの大幅な切り下げによって不均衡の是正に成功したことと同様に，ドルの大幅な切り下げによって赤字を是正しないとドル暴落に陥ると21世紀初めから懸念を示したが，米国の経常収支赤字は問題に至らず，中国など経常収支黒字である国は米国の経常収支赤字をファイナンスしている[32]。

　2008年の世界金融危機以降，グローバル・インバランスと世界経済危機との因果関係については様々な議論がある。IMFは，「金融危機が発生した背景にはグローバル・インバランスの拡大が存在した可能性がある」と述べている。一方で「米国の有職者の間では，グローバル・インバランスを金融危機の根本原因と見なす点でコンセンサスが形成されている」との指摘がある[33]。

32) 田中素香「グローバル・インバランス―「世界不均衡」の性格の解明に向けて―」
　　田中素香編『新国際金融テキスト1』有斐閣，2008年，第12章所収 (p.363)。
33)『通商白書』平成22年版，産業経済省，平成22年6月 (p.34)。

代表的な人物,FRB議長ベン・バーナンキ氏は,「よりバランスのとれた持続的な経済成長を達成し,金融不安リスクを低減するために,我々は持続不可能なグローバル・インバランスが拡大し続けるのを防がねばならない。世界経済が回復し,貿易量が戻るにつれて,グローバル・インバランスは再び拡大する可能性がある。」という[34]。

またピーターソン国際経済研究所フレッド・バーグステン氏は,「今回の金融危機から脱却するための努力を行うとともに,米国が経常収支赤字,財政赤字の削減と予算均衡のための新たな政策を打ち出し,ドル以外の通貨を国際通貨とすることを受け入れない限り,米国と世界は再び金融危機に直面する。各国が再び,今回の金融危機の状況と同じく,米国の巨額の財政赤字をファイナンスすることになれば,金融危機が再発生するリスクがある」という[35]。

世界金融危機発生以降,中国の巨額な経常収支黒字が注目され,グローバル・インバランスの焦点になって,人民元為替相場の水準が注目されているが,しかし,人民元レートはこの国際不均衡を是正する万能薬ではない,国際不均衡を是正するために中国は個人消費を高め,本格的に内需拡大で経済成長を維持するべきであるとJ.ビボウはいう[36]。

以上紹介したように,グローバル・インバランスは現代国際金融に欠かせない研究課題になっている。グローバル・インバランスは世界金融危機との直接的な因果関係はともかく,グローバル・インバランスを是正しなければ金融危機が再発するとの懸念がある。

(2) 世界グローバル化の中で変容した中米経済

改革開放政策を辿りつづけている中国は,90年代から米国が主導したグロー

---

34) FRB議長ベン・バーナンキ氏サンフランシスコ連銀におけるスピーチ(2009年10月19日)。
35) ピーターソン国際経済研究所フレッド・バーグステン「ドルと財政赤字」フォーリンアフェアーズ誌,2009年11月。
36) Jörg Bibow,"How to Sustain the Chinese Economic Miracle ? The Risk of Unraveling the Global Rebalancing", *Lervy Economic Institute of Bard College Working Paper* No.617, September 2010 (p.1).

バル化経済の進展に巻き込まれ，FDI及び国際貿易を通じて世界経済のプロセスを増大させた上で，中米経済関係が一層緊密化になってきた。2008年末まで中国の経済は，二桁の経済成長率を維持し，世界で中国の存在感が高まっている。米国経済や世界経済も密接に中国経済に結びついていることになっている。

とりわけ世界グローバル経済化をきっかけに世界の最大の先進国米国と世界最大発展途上国中国と両大経済が，より相互依存・相互補完的関係が結ばれ，いつになく緊密になってきたことを注意しなければならない。いわゆる世界不均衡拡大の中で，両国は互いに切っても切れない「相互依存，補完関係」に発展した。歴史学者のファーガソンは冷戦後に新しく誕生した国家をチャイメリカ（Chimerica）と呼んだ。その国は世界の国土の10％を占め，25％の人口を誇り，過去8年間で世界の成長の半分を占めたのだとし，東半分は貯蓄を行い，西半分は消費に励んできたのであると称した。

より具体的にみれば，米国が主導したグローバル化の拡大に伴い，中国が米国を中心としての先進国から資本・技術などの導入を行い，「輸出型」の経済成長を遂げたといえる一方で，米国は国境を越えて中国にある安価な労働力を享受し，多国籍企業は物価安定により長期金利低下の下で利益の取得を最大化してきた。「グローバルなイノベーションの中で誰が価値を獲得しているか」と書いたように一番価値を取得したのは米国を母国とした多国籍企業である。

さらに，米国ではどこかの小売店に入って値札やラベルを調べれば，中国の安い製品で消費者が膨大な金額を節約できることは明らかになる。2003年の米中両国の貿易統計をもとに概算したところ，米国の消費者がどの程度の節約を実現できたかという「かなり昔から，米国や日本の多くの企業は，少なくとも10パーセントから20パーセントの節約が実現できるのでなければ，生産拠点の移転に積極的ではありません」という[37]。

21世紀の国際分業が加速している中で，中米経済の在り方は一層変容して

---

37) テッド・C・フィッシュマン，仙名紀訳『中国がアメリカを超える日』 ランダムハウス講談社，2006年9月21日，第1刷発行（p.395）。

きた。米国と多国籍企業が行っている生産活動により安価な製品を中国から世界に供給している。中国からの供給増大によって世界のインフレを抑制している。物価安定のために米国の金利は長期的に低下しているという効果がみられている。中米間の貿易不均衡が拡大しているが、高付加価値と低付加価値の端にある中米両国は相互依存・相互補完的に発展し、世界経済の繁栄を牽引した。

　前述のとおりに、90年代から、世界生産拠点が中国へ移転し始めた。国際分業体制における加工あるいは組立の生産工程に置かれている中国は世界生産集積地になった。世界的な生産活動を行うと同時に、過剰生産能力を生み出した。この過剰生産能力は経済体制の問題や金融市場未発達によって中国消費市場に吸収されず、海外市場に向け転嫁せざるを得なくなった、特に旺盛な個人消費を持つ米国市場である。米国と中国はそれぞれ先進国と途上国の中で、経済規模と成長率の最も高い国である。中米両国の生産分業、貿易及び投資によって形成された世界分業と貿易構造はその他の諸国の国際分業及び貿易における地位を決定したといっていいほどである（華民、2007年）[38]。

(3) 米国のサブプライムローンの問題と世界経済

　2007年夏場に発生した米国のサブプライムローンの問題は世界金融危機に蔓延してきたため、世界の経済が同時に不況になった。多くの国の経済成長は減速し、中国の輸出の需要が大幅に下落した。国内貯蓄増加は投資に対して相対的に転落し、貿易黒字は2008年に過去最高額を記録し、増加幅は減少した。世界経済不景気の中で、米国の巨額な貿易赤字総額及び米国対中国の貿易赤字額は減少し、米国では国内貯蓄総額対GNPの比率は2008年の第二四半期から上昇している傾向である一方で、国内投資率は第三四半期に落ちている。輸出と輸入も下落し、輸入より輸出額の減少は小さく、2009年の初め、米国の経常収支赤字及び貿易赤字幅は縮小している。

　2008年の世界金融危機をきっかけに、中国など東アジア諸国は米国消費に

---

38)　華民「世界経済失衡：概念，成因与中国的選択」『吉林大学社会科学学報』2007年（1）(p.5)。

依存していることが明らかになっており，世界経済の連動性が顕在化された。以上みてきたように冷戦時代に対立した中米両国の経済・金融関係はグローバル化の風潮で変容した。

　世界金融危機により米国の需要が大幅に減少し，米国の消費市場にもっぱら向かっている中国の貿易輸出額は減少した。その内中国の輸出総額に占める加工貿易の比重は2007年の同期間の50.1%から47.4%に低下した[39]。外需の減少は中国の輸出産業に大きなダメージを与え，むしろ，加工貿易企業はショックを受けるしかない。特に，労働集約の中小企業の破産は必至になる。上述のとおり外資系企業の受け皿としての珠江デルタにある中小企業が相次いで破産した。世界工場基地といわれている東莞（Dong Gung）では，中国最大の玩具会社も破産した。2008年，中国の輸出企業は経営危機の局面を迎えている。

　世界金融危機を受けて中国の産業構造の脆弱性が顕在化した。同時に米国の需要が大幅に落ちたことに伴い米国の消費市場に依存している世界経済，とりわけアジア諸国の経済に大きな打撃を与えた。グローバル化経済の下で国際分業が加速している中で，世界経済の連動性が高まっている。このため，米国から発した金融危機がグローバル化の混乱をもたらしやすくなっている。前述のとおり国際分業の強化によってアジア域内経済は密接に連携し対米国への貿易取引が一層拡大している。むしろ米国消費の減少は「輸出型」の経済成長を持つアジア諸国経済の減速をもたらしてしまった。

　2007年の米国に端を発したサブプライムローン問題は直ちに世界金融危機を及ぼした。2008年9月のリーマン・ショックを受け，世界金融危機が発生した。世界金融危機の震源地としての米国は経済後退を向かえている。これまで世界経済発展を下支えしてきた米国の巨額な経常収支赤字がグローバル・インバランスと呼ばれ，世界中で注目を浴びている。

---

39) 中国国家商務部；統計分析報告：「2009年前三季度対外貿易運行情況」。

第2節　経常収支不均衡問題と米国の経済体制

(1) 世界グローバル化経済で拡大した米国の経常収支赤字

　世界問題になってきたグローバル・インバランスは米国の経済戦略と深くかかわっている。19世紀の米合衆国は西漸運動によってフロンティアが西へ西へと移動する時であった。最終的には1890年に西海岸に到達し，その後，太平洋を超え，1945年に日本を経由して，1978年から対外開放が始まった中国にまで辿りついたと考えられるかもしれない。いずれにしても，「西漸運動」は米国の社会文明・経済発展に深く絡み合っている。経済戦略として米国内はもとより世界中にあてはめようとするグローバリゼーションの動きである。

　その後，90年代に旧ソ連が崩壊し，世界人口の五分の一を占め，豊富な資源を有する旧社会主義の中国が自由化に向かって世界経済に国を開き，グローバリゼーションが本格的に展開した。冷戦終結後の米国は対外不均衡を大胆に拡大しつつ，世界経済の拡大を牽引したといえる。米国発グローバリゼーション（自由化・市場経済化の世界拡大）の全盛期と呼ばれ，米国の対外貿易依存度は飛躍的に増大してきた。とりわけ環太平洋圏，なかでも中国からの輸入が突出して増大し，中国が輸入第一位となった[40]。

　80年代は日米間貿易不均衡を主としての米国の経常収支赤字が拡大した。90年代も一貫して，米国の経常収支赤字が膨張しつつ，同時にグローバル化経済の下で，世界生産拠点が中国へ移転し，日米間貿易不均衡に代わって，中米間貿易不均衡となった。2000年以降も，米国の経常収支赤字はさらに拡大し続け，グローバル・インバランスと呼ばれるようになった。

　グローバル・インバランスをより具体的にいうと，1990年代後半以降の世界経済にみられる経常収支赤字と経常収支黒字の構成パターンを表しており，いわゆる世界的な国際経常収支不均衡である。1980～90年代前半，国際不

---

[40] 川野論楊「米中不均衡問題の深化とグローバリズム」『国際金融』1183号（平成19.12.1）。

均衡は世界の対 GDP 比の 1% 程度には収まっていた。しかし，2000 年代に入ると，米国の経常収支赤字の拡大に伴う国際経常収支不均衡が急増し，2006 年には対世界 GDP 比が 2.5% に昇り，過去に例がない水準にまで拡大してきた[41]。

　この結果，世界全体の経常収支赤字に占める米国の割合は約 8 割となっており，経常収支赤字が米国に集中し，固定化している。その一方で，経常収支黒字をみると，1990 年代には日本，ドイツ，ユーロ圏であったが，2000 年代には日本，ドイツに加え，中東産油国や中国をはじめとするアジア新興国が，経常収支黒字の拡大に寄与した。中でも中国の経常収支黒字は著しく伸び，2008 年には，世界全体の経常収支黒字に占める中国の割合は 31% に達した。

　このようにグローバル・インバランスの中心は中米間の巨額な貿易収支不均衡である。中米間貿易不均衡の根本的な原因は中国における過剰貯蓄（消費不足）の経済体制（これについて第 4 章で詳しく説明する）と米国における過剰消費（貯蓄不足）という経済構造であるとみられている。

(2) 経常収支不均衡と米国の経済体制

　1890 年代半ばからほぼ 75 年にわたって，米国の経常収支は大幅な黒字を続けてきた。経常収支に圧倒的なシェアを占めている貿易収支は 1980 年，1981 年に改善し黒字になったが，その後赤字を続けており，1987 年に貿易赤字が 1,606.6 億ドルに昇った。90 年代以降，米国の経常収支赤字は大幅に拡大しつつある。経常収支赤字は 1990 年の 789.6 億ドルから，2000 年の 4,174.3 億ドルに増加し，さらに 2007 年に 7,312.1 億ドルに上った，2008 年に世界の金融危機の影響を受けて，経常収支赤字は縮小し，6732.7 億ドルであった。1990-2008 年にわたって，経常収支は年平均 13.5% に増加している。そのうち，1990-2000 年にかけて，年平均増加率は 18.1% に達した[42]。

---

41)『通商白書』平成 22 年版，経済産業省，平成 22 年 6 月 (p.35)。
42) 包明友「関興中米両国経常収支失衡的動態分析」［中国改革論壇］(p.1) http : //www.chinareform.org.cn

なぜ，米国の経常収支赤字拡大は90年代から止まらなくなったのか。米国では経常収支赤字の増加は,貯蓄率の低下と大規模な財政赤字が関連している。経常収支赤字は基本的に国内各部門赤字の合計である。米国の消費者は過去数年,所得のほぼ全額を消費に使っている。公共部門も赤字であり,2001年以降,連邦政府は合計で約1兆ドルの赤字をだしている。すなわち，米国経常収支及び貿易赤字を引き起こしたのは急に下落した米国内の貯蓄（政府を含む）なのである。1980年に，米国の貯蓄率は19.7％であったが，1990年に16.3％に低下し，さらに2007年に14％までに下がった[43]。

連邦財政収支と民間貯蓄の合計の対GNPの比率は1980年の20％から，1998年の18.2％まで下落し，さらに2008年に貯蓄対GNPの比率は11.9％に下がった。民間貯蓄が低下している一方で,家計の消費が急増している。とりわけ,家計の消費過剰が急増していることに伴い，商品貿易取引赤字は急速に拡大している。米国は個人消費の拡大により世界で高まった生産能力を吸収し，世界各地で生産された商品の主な買い手になっている(McCullocb, 2009)[44]。とりわけ「世界の工場」中国からの商品輸入が第一位になっている。すなわち，中国は米国企業など多国籍企業が生産した商品を米国へ売り出し，米国はそれを買って消費するということになっている。

そして，米国の財政収支（政府貯蓄）をみると，1980年に米政府の債務は725億ドルであったが，1990年に2,460億ドルに達した。2001年から，米政府の債務は急に増加し，2001年のネット債務は293億ドルであった，2007年には3,994億ドルに達しており，2001-2007年にかけて米政府の債務の年平均増加率は47.2％を示している。2008年に米政府のネット債務は8,448億ドルを記録している[45]（図表3-1を参照）。

---

43) 包明友「関興中米両国経常収支失衡的動態分析」［中国改革論壇］(p.2)
 http://www.chinareform.org.cn
44) URacbel McCullocb, Chad P. Bown, U.S.-Japan and U.S.-China Trade Conflict , Export Growth , Reciprocity, and the International Trading System WPS5102 ; (p.26)
45) http://www.chinareform.org.cn

図表 3-1　1980-2008 年　米国国内貯蓄率とネット債務（10 億ドル）

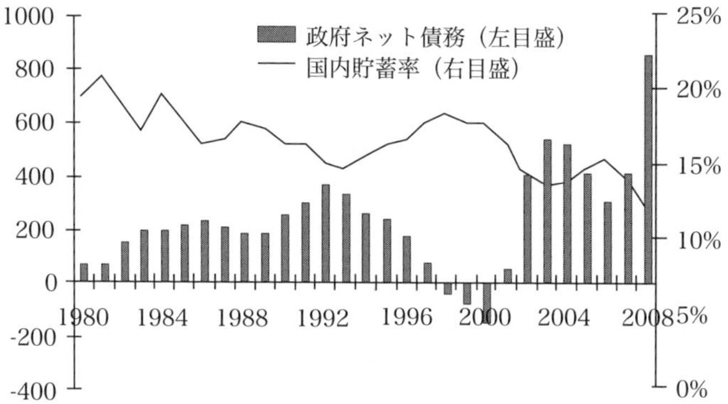

出典：包明友「関興中米両国経常収支失衡的動態分析」「中国改革論壇」(p.3) http://www.chinareform.org.cn.

　1980 年には米国対日本の貿易赤字は大幅に拡大していると同時に，連邦政府予算赤字も増えている。言い換えれば，政府貯蓄（政府貯蓄は等しく財政赤字または黒字である）は大幅に減少している。90 年代に入って，米国の民間貯蓄率も低下しており，米国の財政収支は一時的に黒字に転化したが 2002 年以降再び赤字に転落している。

　この故に，米国経常収支は赤字をしつづけ，経常収支赤字の総額には貿易収支赤字が大部分の割合を占めている。とりわけ対中国の貿易赤字は急増している。中米間貿易不均衡の拡大（グローバル・インバランス）はむしろグローバル化経済のおかげで中国での商品生産規模の拡大や米国の個人消費の急増（貯蓄低下）につながっている。

第 3 節　米国の「金融立国」経済戦略と経常収支赤字

(1)「金融立国」経済戦略と経常収支赤字の拡大

　90 年代世界グローバル化経済の進展の中で，米国の経済産業は低付加価値の製造業から高付価値のサービス産業に転換し，脱工業化を進む米国は「金融

立国」の戦略が打ち出された。このため，米国では製造業への投資成長率は2006年にわずかの2.7%に低下し，製造業への投資額はGDPの2.1%となった。一方で消費対GDPの貢献率は72%に達し，消費は主に米国の経済成長を支えているといえる[46]。米国の経済成長を「金融立国」での経済戦略の下で，90年代の米国の経済は長期的な高成長を実現し，金融市場も好調であった。個人消費は力強く伸び，投資適格付け証券の市場はブームに沸いた。

WTOの体制の下で米国の多国籍企業は好業績を維持している。市場ではこの好業績を長期的に継続していくことが予想されている。国内外からの株式市場への資金流入が続き，株価の大幅な上昇は，キャピタルゲインを媒介にして国内個人消費の拡大を支え，個人消費力は強く伸び，高い経済成長を生むというサイクルをもたらしている[47]。

米国の「金融立国」の戦略の下で，米国は低付加価値の製造業を海外に出してFDIの形で途上国の安価な労働力を利用し生産が行われ，安価な製造品の逆輸入でインフレを抑え，米国の多国籍企業が低インフレ・低金利の下で大きな利潤を享受し，付加価値の高いサービス部門が世界から高利潤を稼ぐようになった。高利潤を手に入れた多国籍企業は世界中でM＆Aや直接投資に精を出している。すなわち，低金利の銀行預金と低利回りの債券で資金調達を行い，M＆Aを含む海外へ向け高い投資収益をもたらす直接投資や高い利回りの対外株式投資で資金運用を行う金融戦略である。

伝統的に，金融機関は金が余っている家計からの貯金を資金不足の企業に貸出を行い，経済発展において利益をあげている企業に信用を多かれ少なかれ効率的に媒介する受動的役割を演じている。しかし金融自由化と情報技術の進歩は金融革新を助長し，金融を企業の行動と経済全般に対する影響力においてより目立つ存在にした。近年，金融資産の総額が世界GDPの4倍を超え，金融派生商品の総額が世界GDPの10倍を越えた。

---

46)『中国経済週刊』「米国在技術層面上已経破産」2008年11月10日。
47) 増田正人「グローバリゼーションとアメリカ経済」『経済』新日本出版，2008年，No.14（p.53）。

米国の金融市場はもっとも劇的に拡大していた。証券市場の時価総額，消費者の借入額，デリバティブ（金融派生商品）の出来高，国際間金融フローのGDPに占める比率の急成長など多くの指標が米国における金融の役割の増大を表している。1970年代-1980年代には，金融会社の利潤の総額は非金融会社の利潤総額の5分の1であったが，2001年にかけて，2分の1になった。米国の金融会社の証券市場における時価総額は，この30年間で4倍になった。そして，銀行，クレジット・カード会社，住宅ローン会社からの家計の借り入れは1990年代に急速に増大していた[48]。

こうした金融市場の興隆によって米国の国民は金融資産や不動産の値上がりに依存して高い生活水準を確保しようとしている。この国民の高い生活水準を満たしたのは海外からの多額の輸入商品である。そして低金利の金融緩和政策は金融市場の好調を助成し，国内外からの株式市場への資金流入が続き，株価の大幅な上昇は，キャピタルゲインを媒介にして国内個人消費の拡大を支え，個人消費力は強く伸び，高い経済成長を生むというサイクルであった。個人消費の伸びはますます発展途上国から商品の輸入を促進し，経常収支赤字は拡大してきた。

米国個人消費が2001年のIT崩壊とテロ事件の後，一時的に冷え込んでいたが，その後経済回復に伴い膨張しつづけている。旺盛な個人消費が輸入を増加させ，貿易赤字が拡大しているのである。90年代以降，米国の貿易収支赤字は拡大を続け，貿易収支赤字の対GDP比も6％を超え，80年代のレーガン政権時の4％より上昇している。米国内総支出の7割は個人消費が占めるなど，米国経済は消費者主導経済とみられている。個人消費・住宅を中心に国内景気の長期拡大に成功し，同時に世界経済の拡大の役割を果たしている。

米国は世界で生産した商品の7割が消費され，「世界の最終消費市場」となっている。膨大な消費市場の支えとなるグローバル化の下で，米国の対外貿易依存度は飛躍的に増大した。とりわけ中国からの商品輸入が突出して増大し，「世

---

48) アンドルー・グリン，横川信治＋伊藤誠訳『狂奔する資本主義―格差社会から新たな福祉社会へ―』ダイヤモンド社，2007年9月28日，第1刷発行 (p.125)。

界の工場」と言われる中国が輸入第1位となった。90年代から中国は「世界の工場」になっている一方で，米国は「世界の消費市場」になっているわけである。このため，90年代から拡大している米国の貿易赤字の対極にある国は中国，日本などではなく，世界中の多くの国である（図表3-2）。

図表3-2　1989-2007年米国対周辺国の貿易赤字の構成

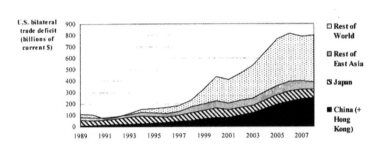

出典：Chad P. Bown, Racbel McCullocb, "U.S.-Japan and U.S.-China Trade Conflict, Export Growth, Reciprocity, and the International Trading System," *The World Bank Development Research Group Trade and Integration Team,* October 2009(p.43).

こうした貿易赤字は主に米国の経常収支赤字を拡大させた。そして，グローバル化経済の相互依存関係は，旺盛な個人消費を持つ米国が益々世界各地の生産のための「最後の買い手」(buyer of last resort) になっている[49]。

(2) 石油価格上昇で拡大した経常収支赤字

米国貿易収支赤字を国別にみると，2005年に7,800億ドル，うち2,900億ドルは先進国で，ユーロ域930億ドル，日本850億ドル，カナダ810億ドルで9割を占める。新興・途上国は4,900億ドル，中国2,000億ドルがトップ

---

[49] Racbel McCullocb, Chad P. Bown, "U.S.-Japan and U. S. -China Trade Conflict, Export Growth, Reciprocity, and the International Trading System," *The World Bank Development Research Group Trade and Integration Team*, October 2009, WPS5102 ; pp.24-25.

で米赤字全体の約25％，原油価格上昇により石油輸出国機構（OPEC）が936億ドル，ロシアなど産油国の黒字も大きくなってきた。

　米国貿易内訳からみると，2006年の米国経常収支赤字は約8千億ドルである。そのうち，米国の経常収支赤字が特に多かったのは，石油製品の約3千億ドル，自動車の約1,230億ドル，電気・電子機器の約830億ドル，他の消費財の約2千億ドルであった。かつては原油価格が上昇すると，それに応じて石油財の貿易赤字が拡大する現象が続いていた。赤字全体に占める石油財の割合は，2011年は43.8％となり，2012年は39.3％であった。石油製品の経常収支赤字全体に占める割合は1/3を超えている[50]。

　この過去数年間で，非工業国対米国の経常収支黒字への転換に寄与してきた要因は，石油価格の急騰である。石油価格が上昇しているのに伴い，産油国の経常収支黒字は，中東だけでなくロシアなど石油輸出国でも，石油収益の急騰によって拡大してきた。また，日本・中国など石油を輸入に依存している国は，石油価格上昇により輸入額が増加することに対して，さらに輸出額を拡大させる傾向があるとみられている。結局，中米間の貿易不均衡の拡大は両国間に止まらずに，世界的に拡散している。中米経常収支不均衡が加速している中で，世界経済は米国のサブプライムローン問題が発生するまで，順調な拡大を続け，高経済成長は中国以外にインド，ロシア他の石油産出国，その他の新興国へと広がっている。中米間貿易が拡大していることにつれて，これらの国も巻き込まれ，一層対米貿易収支が黒字に定着している。

　米国の貿易赤字構造からみると，1980年代半ばから，日本，中国香港，韓国及び中国台湾など国と地域は米国の主な貿易赤字相手国であったが，2000年に中国のWTO加盟以降，世界の生産拠点が中国に移転を加速させた結果，日本・韓国等東アジア諸国に対する貿易赤字の米国の貿易赤字全体に占める割合が減り，代わって中国に対する貿易赤字の割合の拡大をもたらした。2001年にかけて米国対日本，東アジア諸国の貿易赤字は大幅に減少した。

---

50) チャールズ・R・モリス，山岡洋一訳『なぜ，アメリカ経済は崩壊に向かうのか―信用バブルという怪物―』（p.131）日本経済新聞社，2008年8月6日2刷．

これは日本・韓国など東アジア諸国の製造企業が中国に生産基地を移転した結果，対米国の貿易赤字相手国が代わったといえる。とりわけ，米国対日本の貿易赤字が米国の貿易赤字総額に占める割合は1991年の66％のピークに達したが，その後は減って2008年には米国貿易取引赤字総額に占める割合はわずか8％までに減少した。これは日本の多国籍企業が製造業の一部生産工程を中国に移転させて，中間部品を中国に輸出して大規模な最終消費材を中国から米国に輸出していることを反映している[51]。

　1985年以降，中国対米国の貿易総額は大幅に増加し，中米間輸出入総額は77.17億ドルであったが，2007年に3,866.79億ドルに達し，ほぼ50倍に増加した。年平均増加率は19.59％，そのうち，米国の対中国輸出は16倍に増加し，年平均増加率は3.7％に達した一方で，米国の中国からの輸入額は約82倍に増加し，年平均増加率は22.3％である。米国対中国の貿易赤字は大幅に増加していると同時に，中国は米国の貿易赤字総額に占める割合も年々上昇している傾向である。1985年，中国が米国の貿易赤字総額に占める割合はわずか2.8％であったが，2000年に18.4％に増加し，さらに，2008年に米国貿易赤字総額に占める割合は31.9％に上った。2012年の対中赤字は3,000億ドルを突破し，赤字全体に占める割合は4割を超えている。2000年以来，中国は日本を抜いて米国の最大の貿易赤字相手国となっている[52]。

　過去の30年にわたって，日米貿易関係と90年代からの中米貿易関係は多く類似しており，主として米国の巨額な貿易赤字である。(McCullocb, 2009)により，1980年から発生した日米通貨バッシング，1990年の中米通貨バッシング2つのケースからみれば，米国の経常収支赤字を中心としてのグローバル・インバランスには，中国，日本を代表とする東アジア諸国では輸出主

---

[51] Racbel McCullocb, Chad P. Bown, "U.S.-Japan and U.S.-China Trade Conflict, Export Growth, Reciprocity, and the International Trading System," *The World Bank Development Research Group Trade and Integration Team*, October 2009, WPS5102；pp.24-25.
[52] 包明友「関興中米両国経常収支失衡的動態分析」［中国改革論壇］(p.1) http://www.chinareform.org.cn

導型の発展戦略が採られた故に，対外貿易拡大で経済成長を図ったといっても，根本的な原因については米政府が国内での非常に低い貯蓄率及び国内のマクロ経済の不均衡の結果であるという認識が伴っていないと指摘されている。グローバル・インバランス発生の原因に関しては，第1に，米国における巨額な貿易赤字（貯蓄不足）は中国の巨額な貿易黒字（貯蓄過剰）を反映していることである。第2に，米国の貯蓄不足を過剰貯蓄の中国が補うグローバル・インバランスの持続を支えている金融グローバル化である（図3-3を参照）（この点について第5章で検討する）。

図表 3-3　米国・中国における経常収支及びネット貯蓄の推移

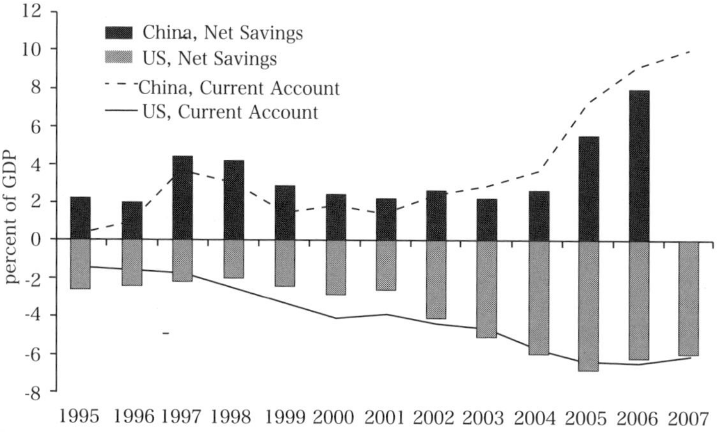

出典：Mckinnon Ronald and Schnabl, "China's financial conundrum and global imbalances," BIS Working Pap No. 277, p.19.

第4章 グローバル・インバランスと
中国の経済・金融体制

第1節 グローバル・インバランスと中国の経済体制

(1) グローバル・インバランスと中国の経済体制

　3章まで述べたように，グローバル・インバランスの中心は中米間の巨額な経常収支不均衡である。この不均衡の根本的な原因は中国における過剰貯蓄・消費不足と米国における貯蓄不足・過剰消費という経済構造であるとみられている。

　世界金融危機で，2008年には外需の急減で中国の経済成長が急速に鈍化した。世界金融危機をきっかけに，中国が輸出型の経済成長から内需型の経済成長へシフトすることが必要となっている。中国にとっては持続的に経済成長を維持するために，国内過剰貯蓄を抑え，消費率を高めていく内需拡大が重要な課題になっている。しかし，脆弱な金融システムは持続的な経済成長のアキレス腱になっており，内需拡大の両輪としての国内投資と国内消費の増加を妨げている。中国の大規模な経常収支不均衡は中国の貯蓄・投資のアンバランスである。いわゆるマクロベースの貯蓄超過は国内投資と国内消費に有効に回せず，経常収支不均衡を生み出したと考えられる。

　中米間貿易不均衡は中国でのFDI投資及び世界生産拠点の移転による供給サイドの増大に対する内需不振（家計部門の消費低下）を反映している。中国が市場経済に移行してから，経済は著しく発展している。さらに2001年のWTO加盟と2002年以降世界経済が回復拡大に転じる一方，すでにみられているように中国の高度成長が続いている。大規模なFDI投資や世界生産拠点の移転によって中国での生産能力が高まっている。しかし，米国の旺盛な個人

消費とは対照的に中国の個人消費は低迷している。中国国内の消費は相対的に不足しており，最終消費率は極めて低いとみられている。企業は国際消費市場に向けて，過剰生産能力を海外市場に転嫁し，貿易黒字を生み出した。そして旺盛な個人消費を持つ米国は中国の貿易黒字相手国になっているわけである。

(2) 拡大している経済格差

従来，米国や日本など先進国における大衆消費市場の形成過程では，所得階層間の格差が次第に縮小し，多くの家庭が消費の自由選択力を持ち，消費財を絶えず買い換えたり，購買量を増やしたりして，国内消費市場の支えとなっている。しかし，中国は先進国と異なり，都市農村間，所得階層間，地域間の格差が存在しているため，中流階層のシェアが低く大衆消費市場は未成熟である。また，社会福祉制度の整備は遅れているため，将来の生活不安定感が高まり，個人消費をひどく切り詰めている。米国では消費対GDPの比率が70%を占め，日本では消費対GDPの比率が60%であるのに対して中国では40%にとどまっ

図表4-1　1980-2014年中国における最終消費，投資及び輸出対GDPの貢献率

年　次	最終消費（%）	投資（%）	輸出（%）
1980	71.8	26.5	1.8
1990	62.9	34.4	2.7
2000	65.1	22.4	12.5
2001	50.0	50.1	-0.1
2002	43.6	48.8	7.6
2003	35.3	63.7	1.0
2004	38.7	55.3	6.0
2005	38.2	37.7	24.1
2006	38.7	42.0	19.3
2007	39.4	40.9	19.7
2008	45.7	45.1	9.2
2009	56.1	86.5	-42.6
2010	44.9	66.3	-1.3
2011	61.9	46.2	-8.1
2012	54.9	43.4	1.7
2013	47.0	55.3	-2.3
2014	48.8	46.9	4.3

出所：中国国家統計局；『中国統計年鑑』各年版より作成。

ている。中国では，高い経済成長率を維持しているが，最終消費対 GDP に占めるシェアは 90 年代の半ばから低下し続けている（図表 4-1）。

そして（図表 4-2）に示しているように，中国では，10％前後の高度経済成長率（GDP）を維持している一方で，国民所得成長率が経済成長率を下回っているほか，都市農村間の所得格差が引き続き拡大している。農村収入成長率は長年横ばいであり，最も人口が多い農村における収入の引き上げと消費市場の拡大が課題になっている。このような状況で，国内貯蓄率は消費率をはるかに上回っている傾向が続いている。

図表 4-2　GDP，国民収入，消費及び貯蓄増加率の推移

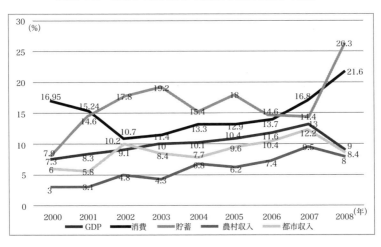

出所：中国国家統計局：『中国統計年鑑』(2008-2009) 年版より筆者作成。

中国から欧米へ向けての輸出商品の中でその核心の技術はすでに日本，韓国等から輸入している。いずれ，外資系企業や外資の引き上げは中国の経済にとって大きなリスクとなると考えられる。中国の投資率は世界中で突出しているが，逆に中国の投資効率は非常に低い。いわゆる追加的生産に必要な追加的投資額を示す限界資本生産率（ICOR）は 5 に達するかもしれないが，低い投資効率は現在の成長モデルが持続し難いことを意味している。FDI 投資傘下の

加工貿易を中心とする経済成長は社会の貴重な経営資源を輸出企業に多く置いている。加工貿易が経済基盤の良い沿海部に集中し，沿海部地域の経済は著しく発展しているのと対照的に，内陸の経済発展は鈍化している。この故に，地域的な経済格差は拡大している。

(3)「貯蓄志向型」の社会経済体制

中国は伝統的な「貯蓄志向型」国であるが，教育制度や住宅制度改革及び医療制度改革によりこれらの個人負担の割合が非常に高まっている，さらに発展途上国の段階にある中国の社会福祉制度が整っていないため，貯蓄の目的は子供の教育費用，住宅購入（住宅を購入する場合，頭金としては住宅全額の1/3以上を支払う必要がある），医療費用，老後保障など問題があげられる。

また，中国国内公共領域に対する投資が著しく不足している。中国の環境状況は非常に悪化している。医療衛生，教育と科学研究，環境保護，社会福祉などに対する投資は遅れている。2000年，世界衛生組織が加盟国に対して行った衛生資金の調達と分配の平等性の評価結果では，中国は191の加盟国中で後ろから4位の第188位であった[53]。こうした中国国内の公共投資と国民の将来の不安を解消する財政支出が不足しているにもかかわらず，累積してきた貯蓄が米国に流入している。

中国では，高度経済成長を維持し続けており，投資率と貯蓄率が急速に増加しているが，貯蓄が投資を上回っている状況はWTO加盟以降，顕在化している。そして投資を上回る貯蓄の高まりによって経常収支黒字を生み出したと考えられる。貯蓄率は1992年の35％から2008年の51.3％に達した，同期間で投資率は36.6％から42.1％に達した。貯蓄率の増加幅は投資率を上回って，1992年の5.5％から2008年の8.9％まで拡大してきた。

国際マクロ均衡理論[54]に基づき，中国の経常収支黒字(貿易黒字は圧倒的なシェ

---

53) 余永定，権哲男（訳）「人民元為替制度改革の歴史の一歩」『国際金融』1164号（平成18.5.1)．(p.15)
54) 中谷巌『入門マクロ経済学』(p.132) 日本評論社，1999年2月10日，第3版第8発行．

アを占めている）は，政府の財政状況，国有企業及び民間企業（私有企業）の貯蓄と投資のバランスによって決定されている。具体的には，

$$CA = (T-G) + (S_{国有部門} - I_{国有部門}) + (S_{私有部門} - I_{私有部門})$$

CA, T, G, S, I はそれぞれ，経常収支，政府租税，政府支出，貯蓄，投資である。$S_{国有部門}$は国有企業の貯蓄，$I_{国有部門}$は国有企業の投資，$S_{私有部門}$は民間部門の貯蓄，$I_{私有部門}$は民間部門の投資である。

過去の10年間，中国の財政状況（$T-G$）はやや赤字であったため，経常収支黒字の急拡大は国有企業と私営部門における貯蓄が投資を上回っていることと捉えられる。それで，90年代に従来から存在する経営能力の不足や市場経済化の対応が遅れたことなどあらゆる問題を抱えている国有企業は多く破産し，国有企業は社会経済の主体としての役割が弱まっている。中国政府は業績が悪化した国有企業対策として，90年代後半から国有企業の民営化を推進した。民営企業，外資企業，株式会社などさまざまな形態の企業が認められるようになったが，国有企業に貴重な投資資源が多く向けられる金融の在り方は変わらず，非国有企業の投資が圧迫されている。結果的に国有部門・私営部門の貯蓄が投資を上回って経常収支黒字を生み出したと考えられる。

中国での過剰貯蓄・低消費の経済構造は，伝統的な習慣，社会福祉制度の不完備，教育・医療・老後生活に備える費用の増加，広がっている地域的な経済格差及び農村・都市間の所得差等将来の不安定感を主な原因としても，金融システムの欠如及び金融市場の未発達とつながるものである。

高い貯蓄を有する中国では金融市場の未発達や金融媒介の未成熟などで個人資産の運用先が乏しくなっている。家庭では将来の生活不安に備える資金を銀行に預金せざるを得ず，銀行預金には，政府が定めた低い金利しかつかないのである。金融機関は金融媒介としてこれらの余剰資金を利用して国内投資及び消費に誘導すべきであるが，脆弱性を持つ金融システムはうまく機能していない。また，中国の金融市場では様々な規制が設けられているから，国内投資及び消費が妨げられている。こうした状況の中で，内需主導の経済成長を達成す

るために必要な銀行・信用システムの基盤が確立することは大きな課題になっている。

第2節　グローバル・インバランスと中国の金融体制

(1) 中国金融自由化に関する先行研究

　2010年にかけて世界経済規模において中国は日本を抜いて世界第2位となっており，市場経済の著しい発展が世界から注目されているが，為替・資本取引の自由化は段階的に進められているが，中国の為替・資本市場の自由化の水準は日本の1970年代前後相当である。人民元建て貿易決済の導入は日本の1960年の非住居者円勘定導入に相当する。自由化されている項目でも，運用枠が限られており，完全に自由化されているといえない[55]。

　中国では改革開放を経て，市場経済が発展しているが，国有商業銀行を中心とする金融部門の改革だけが遅れている。国有商業銀行がこれまで抱えてきた問題，そして，対外開放の進展によって新たに生じた問題は深刻になっており，投資の効率を高め，また経済安定を保つために中国にとって銀行改革は最優先課題になっている[56]。銀行システムの健全化を図るとともに，金融政策の有効性を確保するため，金利の自由化や直接金融チャネルの整備のためのあらゆる措置が，着実に実施されていくと考えられる[57]。

　中国経済は本格的市場経済に移行するとすれば，金融政策の実施が指導者個人のカリスマ性に依存せず，金融仲介を市場経済化させ，金利の自由化，金融の市場化を進めなければならないと指摘された[58]。このように中国の金融市

---

[55] 関根栄一「中国の人民元建て貿易決済の導入と人民元の国際化」『資本市場クォータリー』2010，Vol.13-3。(p.103)
[56] 関志雄「中国における国有商業銀行改革の現状と課題」『資本市場クォータリー　臨時増刊』NO.9，野村資本市場研究所，2005年2月1日発行。(p.1)
[57] 露口洋介「銀行システムの改革」深尾光洋『中国経済のマクロ分析』日本経済新聞社，2006年8月22日，1版1刷(p.131)。
[58] 柯隆『中国の不良債権問題』日本経済新聞社，2007年9月14日，1版1刷 (p.94)。

場改革については資本整備や金融自由化に進むべきであると主張されている。

　中米間貿易不均衡を中心としたグローバル・インバランスは中国の金融システムの矛盾及び金融市場の弱さを反映している。金融システムの矛盾及び金融市場の未発達によって，過剰貯蓄が国内需要に有効的に利用されてないと考えられる。

　しかし，閉鎖的，発達してない金融市場では，金融商品が少なく，さらに民間投資家の金融市場への参入も規制されている。このため，家計部門の余剰資金は高まっている一方で，常に資金需要サイドにある企業は金融システム不健全による経営資金の調達が困難に直面している。中国では，家計部門を中心に貯蓄率が40％以上の高水準となっており，国内貯蓄が不足するために投資資金を海外からの借入に依存することが多い一般的な発展途上国とは様相が異なっている。実際に部門別の資金過不足をみると，家計部門では現金・預金の増加が顕著にみられており，国内の資金余剰の大部分を占めている。政府部門がやや資金不足であったが，2005年以降，財政収支が大幅に改善し，資金過剰に転換した。非金融企業部門においては常に資金不足の状況が続けられている。

　こうした状況の中で，家計部門の資金余剰と非金融企業部門の資金不足は金融機関の仲介によって調整されるべきである。しかし，家計の貯蓄資金は企業部門にも融資せずに，不良債権として金融機関に置かれている状況もあり，特に2001年と2005年には金融部門は資金不足となった。それは，金融機関が主に家計部門から調達してきた資金を，金融資産として運用できなかったことで，金融負債超過ということになる。

　中国では，4大国有銀行は家計部門の資金余剰と非金融部門の資金不足を調整する重要な担い手として存在しているが，しかし，中国では貯蓄率は常に投資率を上回っている状況の中で，金融機関がうまく機能しているとはとてもいえない。中国では経済の血液ともいえる金融の中核を持つ四大国有商業銀行（中国工商銀行，中国農業銀行，中国銀行，中国建設銀行）が巨額の不良債権を抱え，独立的な経営能力の低下から脱していない脆弱な金融システムは効率的な資金サイクルを妨げ，持続的成長の大きなリスクとなっている。

金融システムは本来，国民の貯蓄を銀行借り入れもしくは直接金融株式投資を通じて資金需要サイドの企業に円滑に資金調達を提供するようにして，企業の新たな商品の開発など市場創出を可能にするものである。しかし，中国の金融システムはその機能を十分に果たしていない。また，金融市場における社会主義的な計画金融から脱却していないことから，企業の資金調達は銀行借り入れが8割を超える間接金融に偏っており，銀行借り入れの約6割は国有商業銀行によるものであるが，その国有商業銀行が不良債権を抱え，事前調査・事後監督など審査能力も欠いているため，資金ニーズの強い私営企業など，将来成長性がある中小企業の資金需要に応えられず，米国，日本など先進国の経済成長の支柱としての中小企業の成長発展を抑制している。

　中国の銀行は米国の銀行と比較すると預貸率が低く，預金を如何にして運用するかが問題になっている。また，日本の高度成長期においても，大手都市銀行は預貸率（預金残高に対する貸出残高の比率）が100％を超え，「オーバーローン」といわれた時期があった。

　ところが中国では，高度経済成長に伴い，預金が大幅に増加しているにもかかわらず，預貸率は低く，商業銀行の資産が貸出だけでなく証券投資などへと多様化していることもあるが，増加する預金を貸出で運用できない状況が現れている。

　中国人民銀行の貨幣執行報告によれば，2005年末の中国金融機関の預金と貸出との差額は9兆2千億元に達し，預金残高の32％にも相当している。預貸率でみると，残高ベースで68％，年間増加額ベースでは54.6％と低下が続いている。中国で銀行の預金増額に対し貸出増加額が大きく下回る状況については，政府介入及び金利規制によりリスクに見合った条件（金利，期間，担保など）で貸し付けることができるような金融環境が備わってないと考えられる[59]。

(2) 国有銀行が独占する金融体系

　1978年の中国の改革開放まで，中国の金融セクターにおいては，人民銀行

---

[59] 中国人民銀行「2006年貨幣政策執行報告」。

は国務院に所属する唯一の政府行政機関であり，単一銀行制度である。1979年まで，人民銀行は中央銀行でありながら普通の金融業務（貸出や預金等業務）も行っていた。1979年以降，中国は中央銀行と普通銀行との業務の分離を行い，従来の人民銀行に中央銀行としての役割に専念させた一方で，中国銀行，中国農業銀行，中国建設銀行，中国工商銀行という四大国有商業銀行が相次いで設立された。1994年の商業銀行法により，新たな国家開発銀行，中国輸出入銀行，中国農業発展銀行という三大政策銀行が設けられた。

国有四大商業銀行は，わずか4行で銀行セクターの総資産の半分以上を占めるなど，中国の金融セクターの中心的な存在である。国有銀行は中国経済の発展を金融面から支えてきた面がある一方で，政府からの要請に従って経済性に欠けるプロジェクトや経営能力低下の国有企業への貸出などを行ってきた結果，多額の不良債権を抱えている。

1994年以前，国有銀行は国有企業に向けて大規模な貸出を行った。しかしながら，国有企業の中には様々な問題を抱えて，銀行に対する借入金の返済が困難な企業が多く発生した。この故に，銀行の不良債権問題は深刻になってきた。四大国有商業銀行が長年にわたって不良債権を溜め込んできた背景には，中央政府による銀行経営への介入や地方政府による地方政府に属する国有企業への融資要請など，企業の経営が良好か不良かを無視した圧力のほか，銀行自身，政府の行政機関であることから，リスク管理能力は弱く，融資先の審査・監督能力も不足し，利潤を追求する動機が乏しかったことなどがある。

1997年以降，政府は国有四大商業銀行から不良債権を切り離すとともに，国有四大商業銀行は，政府の方針を受けて，「貸出終身責任性」の導入によって，不良債権の発生を防ごうとした強制的な行政介入を受けた。その結果，銀行は不良債権をなるべく避けるために，「貸し渋り」や「貸し剥がし」といった消極的な行動をとらざるを得なくなり，銀行の貸出残高の増加率は低下した。

中国人民銀行行長周小川によると「国有商業銀行の不良債権のうち，行政機関の干渉によるものが30％，国有企業への資金支援が30％，法律不備によるものが10％，政府が命令した企業の閉鎖と産業構造調整によるものが10％で，

銀行自身の経営に起因するものは残りの20％であった」と指摘した[60]。

中国では,経済面で市場経済に移行したもかかわらず,金融システムは依然として計画経済に適応する4大国有銀行が独占する銀行体制である。国有銀行を中心とする金融体制の問題点は,①銀行間の競争が妨げられ,金融の効率化が図られないこと,②政府行政部門による銀行経営への介入は銀行のバランスシートの悪化をもたらすこと,③国有銀行の経営責任が不明確であることとみられている[61]。

(3) 金融マクロ・コントロール効果の問題

中国では銀行が企業の規模や企業の所有制によって貸出対象を選別する状況の中で,中国の経済成長に大きな役割を果たす民営企業(その多くは中小規模の企業)が,銀行から融資を受けにくく,中小・民営企業の資金調達状況は,必要な資金が銀行から供給されてきた国有企業とは大きく異なっている。大規模な民営企業は所要資金の25％を銀行の借り入れで調達している。小規模な民営企業では,銀行借入はわずか3.4％に止まっている。主な原因は中小企業と金融セクターの間で信用度は低く,担保など信用できる条件がつかない。銀行は民営企業に対する融資規模が低く,中小,民営企業の投資が大きく抑制されている。その原因としては,銀行の民営企業に対する貸出の増加には,民営企業の信用リスクを正しく評価し,それに見合った条件(金利,期間,担保など)で貸し付けることができるような金融システムが備わっていない。

ところが,改革以来,私営中小企業を含む「非国営企業」は著しく発展し,中国経済成長に大きな役割を果している。中国経済はGDPの66％を「非国有企業」が担っているとしており,75％の雇用が創出された。そのうち,国内の民営企業は,GDP全体の34％程度を占めている。この中で,国内の民営企業の多くは中小企業であり,これらの企業が中国の経済成長,雇用の創出,

---

60) 尾崎春生『中国の強国戦略―2050年への発展シナリオを読む―』日本経済新聞出版社,2007年7月6日,1版1刷 (p.132)。
61) 柯隆『中国の不良債権問題』日本経済新聞社,2007年9月14日,1版1刷 (p.47)。

新規市場の開拓などを担う存在となっている。そして,「Made by China」の商品を作り出すことも期待される。中国経済成長にますます重要な役割を果たすべき民営企業に対して,中国の金融セクターが必要となる資金を供給する環境を作り出すことは,中国の金融セクターにとって課題となっている。

中国の国有銀行は従来の国有企業中心の貸出から,成長分野・成長企業への貸出へと重点をシフトしていく必要がある。中国の金融機関は民営企業向けの貸付に様々な課題を抱えているが,リスクに見合った貸出金利を設定する信用リスク管理制度を整えて,高い貯蓄を利用して,中国経済の成長を担う民営企業や個人企業などへの資金の供給が特に重要な分野となっているが,信用保証制度を構築しない限り,国有銀行の中小企業向けの融資は難しいと言える。また都市商業銀行は,中小企業向け融資を行っている割合は高いものであり,地元政府の意向を強く受けるといわれ,信用リスクの良し悪しにかかわらず融資をしてしまうことや,そもそも成長を遂げる中小企業に対して,都市商業銀行の規模は小さく,全ての中小企業の借入ニーズに応えられていないことから,中小企業にとっての融資難の解消は依然難しい状況にある。

そして中国の銀行は企業貸付が大型企業に集中しているが,大型企業の中でも,銀行からの借り入れよりも低いコストで資金調達ができるため,海外の株式市場などでの資金調達が増えてきた。その一方で,国内民営企業の数は社会全体の企業総数の80％以上を占めている(図表4-3)。これらの企業への貸し

図表4-3　2010年及び2014年末中国における国有企業,民営企業の総数及びシェア

所有制企業	2010		2014	
	数（万個）	シェア（%）	数（万個）	シェア（%）
合計	651.8	100	1061.7	100
国内企業	633.0	97.1	1042.1	98.1
国有企業	25.0	3.8	26.3	2.5
民営企業（国内）	539.3	82.7	927.6	87.4
外系企業（香港・台湾）	18.8	2.9	19.6	1.8
その他	10.5	2.4	88.1	8.3

出所：中国国家統計局；『中国統計年鑑』(2010-2014)年版より筆者作成。

付けは,主要金融機関の貸付全体の16%に過ぎない(図表4-4)。そのうち,私営と個人企業は貸出全体の5%に過ぎなく,さらに近年は低下している。

そして,90年代半ばまで,最も中国経済成長の源泉であった郷鎮企業向けの貸出も減少しつつある。生産性や革新性を持つ民営企業は国有銀行を通じて調達可能な資金の大きなシェアを独占できる数多くの国有企業の存在によって影響を受けている。国有企業に経営資源が非合理的に多く配置されて,新規参入者(しばしば革新の担い手として機能する)の数が減少し続けている。有望な既存企業の成長をも妨げている。

図表4-4 中国における金融機関の短期融資の構成変化の推移

	2000	2001	2003	2004	2005	2006	2007	2008
短期融資総額(億元)	65,748	67,327	74,248	83,661	87,449	98,534	114,478	125,182
構成(%)	100	100	100	100	100	100	100	100
国有企業	55.5	58.4	55.1	52.3	47.9	49.7	48.2	46.0
非国有企業	14.9	15.7	14.2	14.0	13.6	10.9	11.1	11.2
郷鎮企業	9.2	9.5	9.2	9.2	9.0	6.3	6.2	6.0
私営と個人企業	4.6	4.8	3.6	3.1	2.3	2.7	3.1	3.4
三資企業	1.0	1.4	1.4	1.7	2.3	1.9	1.8	1.8
農業	7.4	8.5	9.3	10.1	13.2	13.4	13.5	14.1

出所:中国国家統計局;『中国統計年鑑』各年版により筆者作成。

(4) 消費者信用の欠如

中国では,経済成長に伴い家庭貯蓄は著しく増加しているのに対して,個人消費が伸び悩んでいることが従来からあった。個人消費の低下は経済の持続的高成長に影響を与え,内需拡大の足かせになっている。中国では,個人向け貸出比率を高めることが銀行にとって課題になっている。比較すれば日本と米国など先進国においては,消費者向け貸出比率が大きく,消費市場の下支えとなっている。特に,米国では,消費者向け貸出比率が全体の6割を超えるほど高くなっている。対照的に,中国では消費者信用は依然として銀行の貸出の1%にしか過ぎない。

中国では,都市化の進展,エネルギーや通信,住宅など社会インフラの整備の投資も欠いている。セーフティネットが整備されておらず,貯蓄率は高

い。中国の市場には消費の大きな潜在力が存在するわけであるが,消費者向け貸出欠如などにより高貯蓄が消費市場にうまく回されていない。経済成長に伴い可処分所得も上がっており,自動車など高級商品の消費市場の潜在力が大きいとみられている。自動車普及率は先進国と比べれば,非常に低い。

(5) 日本金融体制との比較

　日本では,中小企業は中小企業施策の展開と相まって,日本経済の発展に寄与している。日本は中小企業の発展を重視し,中小企業金融対策が相次いて,打ち出された。中小企業金融対策は中小企業の設備近代化を金融面から促進し,中小企業の育成・振興をはかることが狙われている。このため,政府系金融機関として中小企業金融公庫,国民生活金融公庫,商工組合中央金庫等が設置されていた（2008年に中小企業金融公庫と国民生活金融公庫が日本政策金融公庫に統合された）。1980年代以降,日本の金融機関の総貸出に占める中小企業の比重は5割を超えている[62]。

　また,中小企業の近代化・高度化対策を金融面から推進するため,各種の中小企業金融対策が打ち出されるとともに,政府系中小企業金融三機関向けの財政投融資が拡大され,中小企業金融の円滑化に大きく寄与した。政府系中小企業金融三機関以外の信用金庫,信用組合等民間中小企業専門金融機関は中小企業の成長を促し投資の円滑化をはかるための金融機関である[63]。そして信用補完制度が存在し,単独では融資を受けにくい中小企業に信用保証を行う「信用保証協会」がある。個別中小企業に対する債務保証は保証協会が行い,それを信用保険公庫が担保するという形での中小企業信用補完制度が確立されるに至った[64]。

　個人向け融資の中では,住宅関連の融資が最大のものである。日本では高度経済成長期以降,「マイ・ホーム主義」が住宅政策の中心に据えられたため,一般銀行と比べて住宅金融公庫（政府系）の比率が高いのが特徴である。

---

62) 中小企業事業団,中小企業研究所『日本経済の発展と中小企業』同友館,1987年6月20日初版発行 (p.102, pp.114-117)
63) 『大月金融辞典』大月書店,第一刷発行,2002年4月5日 (p.367)。
64) 中小企業事業団,中小企業研究所『日本経済の発展と中小企業』(p.121)。

日本のGDPは1997年に523兆円強と，ピークに達した。2009年にGDPは471兆円であり，1997年と比べて10%まで減少した[65]。この間，『国民経済計算年報』によると民間住宅投資は1996年に27.1兆円に達し，GDPの5%を占めている。同年に銀行の住宅信用供与（新規貸出高）は14兆円弱であり，政府系の住宅金融公庫（新規貸出高）は12兆円弱である[66]。このように政府の大きな支援があって，住宅投資は伸びた。内需拡大に住宅投資は大きな役割を果たした。

そして，日本では消費経済過程において注目される現象に，クレジット・カードをはじめとする各種カードの急激な普及がある。「個人消費全体の10%以上がカードによるもの」となっており，日本の消費社会は急速なカードの普及に伴い国民の多数がカードを所持し日常的に使用するカード社会となっている[67]。消費者信用の中心になるクレジット・カード業は銀行系，信販系クレジット・カード，流通系クレジット・カード，メーカー系クレジット・カードなどがあるが，銀行系クレジット・カードが最大のものである。クレジット・カード年間取扱高は2008年に57兆5,383億円に達している[68]。日本では金利の自由化は1985年10月に大口定期預金（自由金利）が導入されたことで本格化した。そして，大口定期の最低預入単位を引き下げることで自由化は徐々に進められていた。一方，小口預金者向けに1989年6月に導入された小口MMCについても最低預入金額の制限が漸次緩和されていき，1992年4月に最低預入額が撤廃された。こうして，1993年10月に当座預金を除く流動性預金金利も自由化した[69]。

---

65)『国民経済計算年報』。
66) 日本銀行調査統計局『経済統計月報』同年報による。
67) 山西万三『情報と消費の経済学』こうち書房，1994年12月30日初版 （p.140）。
68) 経済産業省経済産業政策局調査統計部『特定サービス産業実態調査報告書』クレジット・カード業，割賦金融業編，2010（平成22）年3月。
69) 家盛信善『日本の金融機関と金融市場の国際化』千倉書房，1999年4月10日初版発行 （p.21）。

第3節　中国の金融市場における「金融抑圧」政策

(1) 間接金融を中心とする中国の金融体制

　中国は市場経済に移行して，直接金融市場の育成を重視しているが，直接金融市場のメカニズムが完全に構築されずまだ未成熟な段階に置かれている。そして金融市場の改革は遅れているため，金融市場において社会主義的な色彩が強く残されている。資金調達からみれば，中国の非金融部門（政府，企業）の資金調達においては，銀行からの資金調達は圧倒的なシェアを占めている一方で，直接金融における資金調達の比率が極めて低いとみられている。図表4-5に示しているように，中国国内非金融部門の資金調達状況をみれば，銀行貸出のシェアが80％前後で推移しており，債券市場及び株式市場の直接金融市場からの資金調達比率は先進国と比べ，非常に低いとみられている。

　中国の金融システムの最大の特徴は，間接金融を中心とする資金調達体制である。国民経済全体は銀行融資に大きく依存している。国内の非金融部門の資金調達先は，直接金融である株式市場と債券市場からの資金調達比率は2008年においても全体の約20％に過ぎない。中国が市場経済に移行したといっても，中国の直接金融市場は未発達であることを示している。

　中国では株式，社債の発行・流通が従来から制限されてきたことに加え，情報開示がなく不透明な金融市場が投資家に不安感を与え，投資家の株式市場への参入意欲を抑制している。中国の株式市場は先進国と比べ歴史も浅く，依然として多くの問題を抱えている。1999年の証券法の施行に伴い，これまで実行した年間発行制度（いわゆるクォータ制度）が廃止され，代わって認可制度が導入された[70]。認可制度の下では，株式市場における計画経済的な色彩は後退している。ただし，現在でも上場企業の多くは国有企業によって占められて

---

[70] 年間発行制度とは政府が年間の新規株式発行枠（発行企業数及び発行額）を設定し，それを各省に配分する制度である。認可制度は具体的には上場を希望する企業は，証券監督管理委員会の株発行審査委員会による認可取得というプロセスを経て株式を発行する事になった。

いる。とりわけ、中国の民営企業、中小企業は株式及び社債市場等の直接金融からの資金調達も困難になっている。

そして、上場認可は企業の経営業績とは関係なく政府の指示で行われることも多く、不十分なディスクロージャー、粉飾決算、株価操作、インサイダー取引、不徹底な不正行為取締まりなどの違反行為が横行している。いずれも民営企業及び投資家の株式市場への参入を妨げており、私営・民営企業の株式市場からの資金調達は現在でも困難となっている。そして、株式市場については、「中小企業板（ボード）」が2004年5月に深圳証券取引所の中小企業部門として発足した。しかし、中小企業が株式市場に上場する条件は厳しいことから、中小企業の資金調達に十分に役割を果たせない状況にある。

一方、中国の債券市場は、国債や政策銀行の発行する金融債といった公共債を中心とする市場で、民間債市場は発展していないのが現状である。中国の社債市場は株式市場とは対照的に立ち遅れた状態にある。また、社債流通市場も発行市場も同様に低迷している。2005年に短期企業債券の発行制度が始まったため、2005年以降、企業債券シェアが上昇している。とりわけ、社債市場は計画経済的な色彩を強く残しており、発行企業は中央政府に属する国有企業と、一部の地方政府に所属する地方企業が多数となっている。民営企業、中小企業は社債を発行することは極めて難しいといえる。

図表4-5　中国の非金融部門の資金調達構成の推移

	2001	2002	2003	2004	2005	2006	2007	2008	2009	2010
資金調達総額（億元）	16,555	23,976	37,909	29,023	31,507	9,874	49,817	59,984	130,747	111,136
構成（%）	100.0	100.0	100.0	100.0	100.0	100.0	100.0	100.0	100.0	100.0
銀行貸出	75.9	80.2	79.0	82.9	78.1	82.0	78.7	83.1	80.5	75.2
国債	15.7	14.4	16.5	10.8	9.5	6.7	4.0	1.7	6.3	8.8
企業債券	0.9	1.4	0.9	1.1	6.4	5.7	4.6	9.1	9.4	10.5
株式	7.6	4.0	3.6	5.2	6.0	5.6	13.1	6.1	3.8	5.5

出所：中国人民銀行；「中国貨幣政策執行報告」(2001年～2010年)

上述のとおり、中国の証券市場では、間接・直接金融の構造問題以外に、直接金融の中でも株式が債券市場より大きいというアンバランスな状態が存在し、同時に株式市場においては新興企業向けのウェイトがごくわずかしかない

という課題を抱えている。証券市場全体では，株式と債券を除けばほかの商品市場は少なく，且つ未発達と指摘された[71]。

(2)「金融抑圧」政策

　中国では，国有企業及び政府関係企業は銀行による間接金融や，債券及び株式市場など直接金融市場からの資金調達が容易にできるが，民間企業ないし中小企業は国有銀行からの資金調達は難しくなっており，直接金融市場からの資金調達も困難に直面している。

　現在，民間企業の数及び規模は中国国内市場に占める割合が大きく，中国経済成長に重要な役目を担っているにもかかわらず，国有銀行から経営資金の調達は困難となっているため，民間企業はインフォーマルな（民間金融あるいは地下金融と呼ばれている）融資に大きく頼っている。民間金融の資金源は主に，①個人金融資産，②借入金（銀行や友人からの借金）そのうち，資金供給者の個人資金は絶対的な比重を占めている。民間金融市場では「銭庄」や「合会」モデルが中心的な役割を果たしている。現在，実業会社モデルに転換してきたとみられている[72]。

　個人事業，中小企業及び卿鎮企業が「民間金融」から調達した資金は国の金融機関からの資金調達を超え，特に経済発展が遅れた地域ほど中小企業の「民間金融」に対する依存度が高いと見られている。現在，非公式的な民間金融は中小企業の発展に欠かせない役割を果たしている。しかし，非公式的な民間金融は中小企業の資金ニーズに充分に対応しているととても言えない。中小企業にとって市場経済に取り組むには資金調達が難しく，経営難の問題は解消されていない。

　そして民間金融の高金利が中小企業の融資負担となり，経営コストが高まっていることは問題視されている。まだ，非正規金融（民間金融）においては，

---

71) 公益財団法人 日本証券研究所『図説　アジアの証券市場』2010年版，三英グラフィック・アーツ株式会社，2010（平成22）年4月1日（p.8）。
72) 範立君「中国型リレーションシップ中小企業金融―中国の民間金融の展開とその限界―」『経済理論』，第47巻（第4号），2011年1月（p.66）。

①情報やコスト等の制約から，狭い範囲で融資が実行され，リスク分散ができない状況である。②法的保証は欠け，暴力組織の関与等を招きやすい。③非正規金融組織の経営メカニズムが未整備で，内在するリスクが大きい[73]。

このように政策的金融の特徴を持つ中国では，個人，民間企業，とりわけ中小企業にとっては，「民間金融」は欠かせない存在であるといえる。政府介入や信用制度の欠如による金融システムは金融市場でうまく機能していないのが現実である。このため中国の経済主体になってきた中小企業の発展が妨害されている。

米国の経済学者R.J.MckinnonとE.S.Showは，70年代に発展途上国における金融市場の不完全，政府の過剰介入により市場メカニズムが歪められていると指摘した。

R.J.Mckinnon[74]とE.S.Show[75]は金融深化と貯蓄，就業と経済成長との正相関関係を厳密に論証した上で，発展途上国は常に「金融抑圧（Financial repression)」の環境におかれている。金利水準が規制によって低く抑えられ，政府介入で金融市場機能が歪められている状況や，金融商品が少なく，過多の金融規制及び金融効率の低下は，一般的に「金融抑圧」と呼ばれ，低金利政策を中心とする「金融抑圧」が経済発展を阻害すると指摘されている。したがって，発展途上国は経済成長を促進するために，「金融深化（Finacial deepening）」に向かって金融自由化を進めて行く必要がある[76]。そして金利自由化は金融自由化の主要な内容であるとみられている[77]。「金融抑圧」を金融構造からみると，以下のように

---

73) 岡嵜久実子「 中国農村金融制度改革の現状と課題：銀行業金融機関の再生と三農政策に呼応した取組みの中間評価」『金融研究』第29巻（第2号），2010年4月(p.270)。
74) McKinnon, Ronald(1973), *Money and capital in Economic evelopemt*, Washington, D. C., Brookings institution.
75) Shaw, Edward S.(1973), *Financial deepening in Economic Development*, New Kork: Oxford University press.
76) 王曙光『金融自由化与経済発展』北京大学出版社，2004年7月，第2版 (pp.79～89)。
77) 黄达 『金融学』中国人民大学出版社，2004年5月，初版 (p.172)。

①金融商品は少なく，規模も小さい。
②金融体制には"二元構造"が存在する。一つは現代的な大手銀行を代表する現代金融部門，もう一つは「銭庄」,「合会」などを代表する伝統的な金融部門。中国では四大国有銀行は金融市場で中心の地位を占めているが，一方で経営能力低下や政府介入などを受け，言うまでもなく金融市場でうまく機能していない。民間企業及び中小企業の資金ニーズに応じるために，インフォーマルな金融組織は発展してきた。中小企業の成長を支えている「地下金融」といわれる非公式な金融組織「「銭庄」,「合会」など伝統的な金融部門も併存するのが中国の金融市場構造の現実である。
③金融部門が少なく，商業銀行は金融セクターで中心的な存在である。中国では，建設銀行，工商銀行，中国銀行，農業銀行は国が資本を持ち支配している商業銀行である。国有四大商業銀行は中国の金融セクターで常に圧倒的に中核に位置している。しかし，今に至るまで中国の国有商業銀行は，政府の規制に従って，金融システムの中枢という地位を維持してきた。しかし，資産規模が大きい割には，収益率が低く，不良債権比率が非常に高いなど，非常に脆弱な体質を持っているとみられている[78]。

　また，「金融抑圧」の政策としては，直接金融市場の発展は遅れている。直接金融市場は政府融資のルートとして存在する。企業の資金調達は主に自己資本累積と銀行からの借入である。そして金融市場における幅広い規制が設けられ，金融資産価格が歪められ，市場での金利などに資源の相対希少性が反映されない。具体的に実質利子率を低く抑え，自国通貨を固定するという金融政策である。

　2010年にかけて中国では，消費者物価指数（CPI）は急に上昇している。2010年年末にCPIは3.5％に達し，1年，2年の定期預金金利の2.25％，2.79％を超えた。さらに3年間の預金金利3.33％を上回っている。すなわち，実質金利はマイナスになっている。

---

78) 関志雄「中国における国有商業銀行改革の現状と課題」資本市場クォータリー臨時増刊，No.9，2005年2月1日発行（p.4）

このように発展途上国は常に金融抑圧(金利水準が規制によって低く抑えられるなど，政府の介入で金融市場の機能がゆがめられている状況は，一般に「金融抑圧(Financial Repression)」と呼ばれ，低金利政策を中心とする「金融抑圧」が経済発展を阻害するという)の環境に置かれて，国内貯蓄が有効に利用されずに，貯蓄の低金利と先進国の資本市場の高金利と対照的なもので，国内外の金利差による外国への資金の流出をもたらす。

そして金融市場への政府介入は，金融市場の発展を阻害すると同時に，市場メカニズムによる効率的な資金配分を妨げる。市場で自由に利子率が形成されずに，銀行は様々なヘッジ機能を使うことができなく銀行のリスク管理がうまくいかないのである。これは当然，為替レートの変動リスクに直面する。とりわけ，巨額な経常収支黒字(グローバル・インバランス)を抱えている中国の場合は，「金融抑圧」の環境に置かれ，さらに金融システムの不健全によって資本規制及び対外投資の制限が設けられているため，民間対外投資が強く抑制されている。このため，外貨準備を蓄積しやすく，外貨運用も巨額な通貨リスクに直面せざるを得ないと考えている[79]。

BIS (Mckinnon and Schnab,2009) に関する研究によると，発展途上国における巨額の経常収支黒字のファイナンスには金融市場未発達により海外の居住者に自国通貨建てで貸し借り (International lend) ができずに，さらに国内市場でも，長期的に自国通貨の貸借が行われない。巨額な経常収支黒字を抱えている中国は未成熟な債権国であり，金融システムの不完全により，国内金融市場ではダブル・ミスマッチを引き起こしやすく，ポートフォリオの均衡及び貨幣管理はさらに難しくなっていると指摘された[80]。

---

79) 苗金芳「グローバル・インバランス問題の是正へ向けて―カギとなる中国における内需拡大と金融システム改革―」2010年度春季大会日本金融学会の報告；『佐賀大学経済論集』第43巻(第2号)。
80) Mckinnon, Ronald(2009), China's New Exchange Rate Policy: Will China Follow Japan into a Liquidity Trap Rev 8 October 2005 imbalances BIS Working PapNo.277 ; (pp.5-6).

(3) 高経済成長に相応しい金融改革の重要性

　中国経済は過去の10年間,高経済成長を維持し続けている。今後も中国が持続的な経済成長を続けるためには,金融システム及び金融市場の改革が不可避である。中国の金融の8割近くは間接金融である。このため,金融市場に大きな割合を占めている国有銀行が改革され,金融市場で融資機能を果たすべきである。

　そして,金融改革を進める中で,資本市場の発展を促進していくことも極めて重要となっている。資本主義先進国において,資本市場,特に株式市場は経済の大動脈である。中国では,1980年代から株式が発行され,1990年代初めに証券取引所も設けられている。しかし,金融全体に占める直接金融の割合は小さく,資本市場の改善・発展の余地は大きいとみられている[81]。

　今後,改革開放の更なる深化及びグローバリゼーションへの対応,特に世界金融危機以降,中国経済が直面する新たな発展ステージ等を背景に,現在の中国金融体制の弱点が,金融マクロ・コントロールと金融監督,金融組織体系,金融市場体制等の面においてますます顕在化されている。そのうち,一番問題視されているのは,①所有制の問題,すなわち国有銀行が独占する金融体系,②貨幣政策によるマクロ・コントロール効果の問題,すなわち利率の市場化が実現されていないことであると指摘されている[82]。

　中国の金融改革では,金融機関の体系や金融市場などの制度づくり,金融の監督管理を強化するための法規の整備などが行われてきた。しかし,中国の金融システムは,国際的にみて,極めて遅れた状態である。金融機関の資本不足,高い不良債権比率,金融秩序の混乱などの問題以外にも,銀行,証券,保険業に対する監督管理のレベルが低く,透明度も低いことや政府過多の保護による金融機関の独立的な経営能力の低下などが問題視されている。

　こうした中で,中国は,市場経済化に適応する金融システムづくりを行わなければならない。特に,WTO加盟5年後には,金融サービス市場は大きく開

---

81) 野村資本市場研究『中国証券市場大全』日本経済新聞出版社,2007年11月 (p.15)。
82) 公益財団法人 日本証券研究所『図説　アジアの証券市場』(p.4)。

放され，金融商品もますます多様化し，外国金融機関との本格的競争が展開される。そのため，国有金融機関の体質強化，経営力強化は，必至の課題となっている。金利の自由化や外貨管理に対する規制緩和は，市場経済化の一つの指標である。金融面での市場経済化を推進するのであれば，金利や為替レートに対する統制を緩和することが必要である。このためには，安定した金融システムと強力な監督管理を強化することに迫られている。中国の金融市場は徹底的に，改革しなければならない。従来のように問題が大きくなると緊急対策で乗り切るようなやり方ではなく，今後は，抜本的に金融市場の改革を行うことが必要となろう。

第4節 「金融抑圧」から「金融自由化」へ

中国は市場経済に移行したといっても，金融市場における社会主義的な色彩が強く残っているのである。グローバル化経済進展の下で中国では投資と生産規模の拡大によって経済の高速成長を促進させたが，それと同時に経済の著しい発展と金融市場発展の停滞という矛盾が激化している。

中国では国内高貯蓄を国内投資に有効に利用せず，毎年大規模なFDI投資を導入し高経済成長を遂げた。FDI投資及び経常収支黒字によって外貨の流入が巨額な外貨準備を積み上げた。一方で，外貨準備の運用を通し大部分の外貨が貿易黒字の相手国の米国に還流している。すなわち，高金利でFDI投資に伴う外貨を受け止めている一方で，蓄積した外貨準備を低金利の米国債に運用している。このように急速に膨張している外貨準備高及び外準運用の仕方も中国の金融市場，金融構造の矛盾を反映している。

中国は市場経済に移行して，大規模なFDI投資で高度経済成長を維持しているが，金融市場における計画的な色彩が強く残されている。この故に，内需主導の経済成長を達成する金融体制確立がされず，「輸出型」経済成長を維持し，経常収支黒字を大幅に拡大させ，外貨準備も積み上げている。しかし，巨額な外貨準備運用は常に困難に直面していると同時に，貴重な資源配分において有

効性が問われている。

　中国の金融市場は政府介入，金利規制，資本規制及び固定相場制等典型的な「金融抑圧」の環境に置かれている。中国は大幅な経常収支黒字を維持しているが，自国通貨建てで海外への融資ができずに，民間対外融資は巨大な通貨リスクに直面している。現在でも，中国では貿易収支黒字と経常収支黒字が引き続く中で，市場金利規制を加えて，国際市場では自国通貨建ての融資が難しくなっている。それで拡大してきた経常収支黒字を背景に，大規模な外貨準備運用は為替レートの変動リスク（ドルの下落ないしは人民元レートの切り上げ）に直面している。また，中国の金融市場は完全に自由化されておらず，人民元建ての預金金利・貸出金利・基準金利は，依然として人民銀行によって決められており，貴重な資源投資としての金利の決定に当たって金融市場の需給は反映されていない。したがって，今後中国は金融市場における「金融抑圧」から「金融自由化」へ徐々に進んでいくことが期待されている。そして，現行為替制度（ドル・ペッグ）制を見直すべきであると考えられており，現行為替制度の改革についての今後の研究課題となっている。

　以上みてきたように，中国などの大規模な新興市場国は，輸出主導の成長戦略をとるしかない，内需主導の経済成長を達成するために必要な銀行・信用システムの基盤が確立されてないため，対米国への輸出の拡大で経済成長を遂げたといえる。高度経済成長に不可欠な金融システム及び資本市場の停滞により，中国は世界中で誇るほど高貯蓄がありながら，毎年FDI投資を通して大規模な外貨資金（毎年対中国のFDI流入金額が500-600億ドルと推測されている）を受け入れている。この矛盾の経済現象は世界からみれば極めて稀であるといえる。結果的に，大規模なFDI流入は外貨準備の増加につながってしまった。2000年以降，経常収支黒字，FDIその他の資本流入により中国外貨準備も急速に増加している。外貨準備の運用も課題になっている。

第5章 グローバル・インバランスを背景に巨大化した中国の外貨準備高

第1節 外貨準備理論

(1) 新興市場国外貨準備蓄積に関する先行研究

賀力平氏（北京師範大学経済工商管理学院教授・金融主任）は，1997年から1998年のアジア金融危機の教訓の一つは，外貨準備は将来の金融危機の重要な対応ツールであるという認識であった。この認識から，アジア金融危機後，東アジアの多くの諸国で外貨準備が継続して大きく増加したのは経常収支や為替相場制度によって簡単に説明できるものではない。2008年の世界金融危機とアジア経済への衝撃から判断するに，外貨準備の機能の制約とデメリットを認識する必要が生じていると主張した[83]。

福田慎一氏（東京大学大学院経済学教授）は，通貨危機後，危機に直面した発展途上国は，危機の再発防止のため，様々な対策を採るようになった。なかでも，東アジア諸国など発展途上国の多くは，流動性不足のリスクを回避するため，大量の外貨準備を蓄積させた。外貨準備の蓄積は，国内消費の減少というコストを多くの国でもたらす一方で，輸出の増加による貿易財産業の拡大をもたらす傾向にある。中国を例外とすれば，外貨準備の増大が，非貿易財産業の縮小を通じて，中長期的な経済成長を低迷させるリスクを高めていることを示唆していると指摘した[84]。

---

[83] 賀力平「東アジア経済体の外貨準備と国際金融危機」『国際金融』1200号（平成21.5.1）(p.14)。

[84] 福田慎一「外貨準備蓄積のマクロ経済的効果による潜在的なリスク」『日本経済の主要な対外リスクに関する研究報告書』研究会報告書No.46，内閣府経済社会総合研究所，2010年3月 (p.62)。

アジア通貨危機でアジア諸国は大きな経済的痛手を受けた。経済危機以降，アジア諸国は輸出を通じた経済成長を図ってきた。世界経済は米国の過剰消費に支えられ，アジア諸国の輸出を刺激した。その結果，これらの諸国の各国の経常収支は黒字化し，外貨準備は贅沢に蓄積された。ただし，特定の外貨準備への依存は，為替レートが急変動した際に，一気に支払い能力の不安定さを露呈するリスクもはらむ[85]。

張燕生氏（中国国家発展改革委員会マクロ経済研究院対外経済研究所所長）は，中央銀行のマネタリーベースは，主に人民銀行が貿易黒字などによって流入した外貨を買い取ることを通じて投入され，銀行の流動性増加の主因になっている，マネタリーベース投入の影響を相殺するために，中国人民銀行（中央銀行）は，主に中央銀行手形の発行で通貨の吸収を図っているが，償還や利払いの負担がますます重くのしかかっている。金融政策の独立性の維持が困難になると指摘した[86]。

人民銀行は外貨流入増加に伴う市中流動性の急増を抑制するために，買いオペや中央銀行手形の発行によるマネタリ・ベース吸収を実施する。しかし，2007年に人民銀行は為替介入により放出された過剰流動性は70％しか吸収されてないとみている。中国では不胎化政策が限界に近づいているため，金融引き締め政策をとるべきである。金融引き締め政策によって国内金利を上昇させる。国内金利の上昇は，更なるホート・マネーの流入，ひいては介入と不胎化の規模の拡大という悪循環を招きかねないとR．マッキンノンは指摘した[87]。

余永定（中国社会科学院世界経済政治研究所 所長）は世界金融危機が深刻化したことで，中国の外貨準備は収益性や安全性の面において，ますます高いリスクにさらされているという。特に，米国において景気対策として打ち出された

---

85)『ジェトロ世界貿易投資報告―海外市場の新たなフロンティア開拓に向けた日本企業のグローバル戦略』2010年版，JETRO（p.4）。
86) 張 燕生，張 岸元，姚 淑梅「膨大な外貨準備をいかに運用するか」季刊中国資本市場研究，2008 Spring（p.49）。
87) Mckinnon, Ronald and Schnabl(2009), China's financial conundrum and global imbalances BIS Working PapNo.277;（P.10）.

金融緩和と財政拡大策は，インフレの高騰と対外収支の悪化を通じて，金利上昇とドル安，ひいては米国債の保有に伴うキャピタル・ロスを招きかねない。また，中国が今後数年のうちに取り組まなければならない重要な課題は，経済成長の速度を維持しながら貿易黒字を減らすことである。また，この問題を解決する過程で対 GDP 比をみて外貨準備を適正な水準に減らしていく必要があると指摘した[88]。このように中国など新興市場国の外貨準備保有については様々な議論が展開されている。

　本章では，外貨準備理論を紹介しながら，中国外貨準備蓄積の仕組みや経済・政治的背景を分析する。特に，中国における適正な外貨準備の水準を考察する。中国では国内高貯蓄を国内投資に有効に利用せず，毎年大規模な FDI 投資を導入し高経済成長を遂げた。FDI 及び経常収支黒字によって外貨の流入が巨額な外貨準備を積み上げた。一方で，外貨準備の運用を通して大部分の外貨を貿易黒字の相手国のアメリカ国債に投資している。すなわち，高金利で FDI に伴う外貨を受け止めている一方で，蓄積した外貨準備を低金利のアメリカ債で運用している。このように急速に膨張している外貨準備高及び外準運用の仕方も中国の金融市場，金融構造の矛盾を反映していることを示す。

(2) 外貨準備理論の進展

　外貨準備とは，中央政府や通貨当局が支配し，随時利用することができる外貨資産を指している。伝統的に，かつて金は主な国際準備であったが，世界経済の発展やグローバル経済化がかなり進展していることに対して金の供給は相対的に不足していたため，金は国際準備としての役割が次第に弱まってきた。代わって，外貨は各国が主な国際準備として保有している。

　近年，IMF は国際収支ハードブックの中で，外貨準備は中央銀行や中央政府等の金融当局が保持し，コントロール及び利用することができる対外金融資

[88) 余 永定「米国債とパンダ債」中国社会科学院世界経済政治研究所国際金融研究センター，Policy Brief No. 08083(2008 年 12 月 7 日). 季刊『中国資本市場研究』2009 Spring(p.4)。

産であり，国際収支不均衡の際に，通貨当局は輸入代金の支払いや対外債務返済に備え，為替レートにも影響を与える必要な外貨を保有することである（IMF 2003）[89]とする。

外貨準備は国際準備の金融資産としては次の二つの特性を持つ。第1には，随時に外国経済部門は受け入れる。第2には，その価値は確定性を持つ。これらの特性を持つ金融資産は一般的に外貨資産（債券，証券），IMF リザーブポジション，SDR 及び金等である。各国通貨当局が外貨準備を保持する目的はおおむね次のとおりである。

①為替介入に用いて為替レートに影響を与え，自国の為替レートの急激な変動を防ぎ，経済成長の安定を維持する。

②国が商品及びサービスの輸入代金の決済や借金の返済などの対外支払いに備える必要な資金を確保する。

③自国経済部門例えば金融部門に緊急流動性を提供する。

④国が外貨で支払う能力の高まりによって投資家に安心感を与え，それで金融危機を制御する可能性もあり，外国からの融資よりコストをも軽減する等[90]。

以上みてきたように各国の外貨準備の目的を帰結すれば，第一には，国際取引決済の支払いの準備，即ち各国政府は直接外貨準備を用いて国際取引決済の支払を行う。第二には，経済危機などに予防する慎重的な動機，即ち中央政府は，それぞれ経済に予期せぬ障害が生じた場合に備え，事前に流動性の源泉を確保しておくことにある。

外貨準備使用を別にみると，二つに分けられる。第一には，あらゆる国際取引決済の支払いに備える。すなわち，政府当局は直接的に外貨準備を使って国際取引の支払いを行う目的である。第二には，通貨危機を予防する慎重な目的である。近年，各国が外貨準備を使う機能として，直接に国際取引決済の支払

---

89) IMF (2003) ,Manual of Balance of Payments, Fifith Edition ,Washington,D.C.: International Monetary Found.

90) 張志超「最優国際準備理論与測度：文献述評（上）」華東師範大学（哲学社会科学版）2009 年第 2 期。

いを行うことが低下しており，代わって各種の経済危機が発生した場合にバッファー材として機能するようになっている。

特に，アジア危機の後，「最後の貸し手」の問題が顕在化し，危機に見舞われたアジア諸国が，IMFからの借入には厳しい条件が付けられたことから，IMFのコンディショナリティを回避するために外貨準備保有を高めようとする動きが始まった。金融市場に混乱が発生した場合に流動性バッファーを提供できるように，通貨当局は十分な外貨準備を保有することの重要性が示されたもので，各国は投機的な攻撃を防ぐために，外貨準備を積み上げる動きは広がっている。

国際外貨準備に関する最新理論においては，重商主義モデルと通貨危機を予防するモデルという二つの主張に大きく分かれて，対立している。前者は一部の国が急速に増加している外貨準備においてはこれらの国の通貨当局の意図に従うものではなく，通貨当局が輸出志向型を促進し為替レートが低くされた副産物であると主張した[91]。後者は一部の国が通貨危機を防止する慎重的な動機で，大きな外貨準備を積み上げたと主張した[92]。

(3) アジア通貨危機を背景にアジア諸国の外貨準備の蓄積

アジア諸国は97年から98年に通貨危機に襲われた。短期外貨資金へ過度依存しているアジア諸国は海外の短期資金の急激な流出によって経済的悪影響を受けた。アジア通貨危機後，輸出を通じた経済成長を図った。このため，アジア諸国の各国の経常収支は黒字化し，外貨準備は贅沢に蓄積された。

1997年にアジア諸国においては外貨準備対GDPの比は23.6％であり，2001年に37.7％に上り，2009年に41.7％に達した。そのうち，中国は外貨

---

[91] Dooley, M., Folkerts-Landau, D. and P. Garber, 2005, "International Financial Stability:Asia,Interest Rates and the Dollar", *Global Markets Research*, Deutsche Bank.

[92] Aizenman, J. and Marion, N.(2004), "International Reserve Holdings with Sovereign Risk and Costly Tax collection", *Economic Journal*, 114(497),(pp.569-591).

準備のGDP比が1997年の5.2％から2001年の16.3％に上り，2009年に47.8％に達した。タイは外貨準備対GDPの比が1997年の17.3％から2001年の28.0％に増加し，2009年に51.3％に達した。マレーシアは1997年の20.4％から2001年の31.8％に上り，2009年に49.8％に達した。インドは1997年の6.0％から2001年の9.7％に増加し，2009年に21.5％にのぼった（図表5-1を参照）[93]。

図表5-1　アジア諸国・地域別のGDP対経常収支・外貨準備の割合（単位：％）

		経常収支のGDP比			外貨準備のGDP比		
		1997年	2001年	2009年	1997年	2001年	2009年
アジア諸国	日本	2.3	2.1	2.8	5.2	9.6	20.2
	中国	3.9	1.3	5.8	15.0	16.3	47.8
	香港	△4.4	5.9	11.1	52.6	66.7	121.4
	台湾	2.4	6.4	6.2	28.0	41.6	91.9
	韓国	△1.6	1.6	5.1	3.8	20.4	32.4
	ASEAN5	△3.1	3.9	5.1	23.6	37.7	41.7
	タイ	△2.1	4.4	7.7	17.3	28.0	51.3
	インドネシア	△1.6	4.3	2.0	7.0	17.0	11.8
	マレーシア	△5.8	7.9	16.7	20.4	31.8	49.8
	フィリピン	△5.2	△2.4	5.3	8.7	18.9	24.1
	シンガポール	15.5	13.0	19.1	74.5	88.3	106.0
	ベトナム	△5.7	2.1	△7.8	7.4	11.3	17.8
	インド	△0.7	0.3	△2.1	6.0	9.7	21.5
米	米国	△1.7	△3.9	△2.9	0.7	0.6	0.8
欧	EU 27	1.0	△0.3	△0.3	5.2	3.9	3.9

出典：『ジェトロ世界貿易投資報告―海外市場の新たなフロンティア開拓に向けた日本企業のグローバル戦略』2010年版，JETRO（p.3）。

　豊富な外貨準備は対外ショック（国際収支危機）のバッファー材としての役割を果たしたことで，世界金融危機の影響はアジア諸国にとって軽微にとどまった。特にアジア通貨危機で大きな打撃を受けた韓国，タイは，1997年から2009年にかけて経済規模に見合った外貨準備を順調に蓄積し，対外の支払い能力が高まっている。こうした豊富な外貨準備の保有によってアジア諸国は

---

93)『ジェトロ世界貿易投資報告―海外市場の新たなフロンティア開拓に向けた日本企業のグローバル戦略』2010年版，JETRO（p.3）。

経済危機に陥るリスクが軽減しているため,今後,更なる輸出拡大で外貨準備保有量を高める可能性があるとみられている[94]。今回の金融危機で外貨準備は直接国際取引決済に支払いを行う機能より,むしろ各種の経済危機が発生した場合にバッファー材として役割を果たすことが確認される。したがって,各国の外貨準備の動機は国際収支決済の支払いを行うことではなく,危機を予防する狙いであるといえる。

中国の外貨準備の動機をみれば,新興市場諸国は国際金融市場から常に資金調達できるわけではなく,国際金融市場からの資金調達のコストが高く,国際金融市場へのアクセスが困難になったため,中国通貨当局は通貨危機を予防するために,輸出を奨励し多めに外貨を取得するしかなく,多額の外貨準備を保有しようとする直接,間接の誘因があるといえる。

アジア危機をきっかけに,中国を代表とする東アジア諸国が「輸出志向型」の経済戦略で外貨準備を増加する動きは目立っている。とりわけ,2008年末に中国は外貨準備高が2兆ドル弱に達し,世界最大の外貨準備を有する国になった。中国の外貨準備は世界の金融市場に大きな影響を与え,巨額な外貨準備の運営に世界から関心が集まっている。

第2節 世界最大外貨準備保有の中国

(1) 世界最大外貨準備保有の中国

中国では,1994年の為替政策改革以降,外貨準備高は1994年末の516億ドルであったが,2006年10月に1兆ドルを超え,日本を抜いて,世界第1位の外貨保有額となっている。さらに2008年末1.95兆ドルに達し,1994年に比べてほぼ40倍に増加している。IMFの統計によると,1999年の途上国全体の外貨準備は1.05兆ドルであり,全世界の59%を占めていた。2007年末には,3.7倍の4.90兆ドルに上り,全世界の77%を占めるようになったの

---

[94] 『通商白書』平成22年版,産業経済省,平成22年6月 (p.38)。

である。その中で，中国の外貨準備の成長率が最も高かったという。1999年末，中国の外貨準備額は0.16兆ドルで全世界の9％程度であったが，2008年には，全世界の29％を占めるようになったのである[95]。

図表3-2に示しているように2001年のWTO加盟以降，中国の外貨準備高は著しく増加している。固定為替相場制の下で，経常収支黒字と直接投資による資本収支黒字が巨額な外貨準備高を累積してきた。経常収支黒字や直接投資の純流入が，中国の外貨準備を押し上げる最も重要な原因であり，両者はそれぞれ外貨準備増加額の40％前後を占める。

図表5-2　1995～2015年中国外貨準備の推移（億ドル）

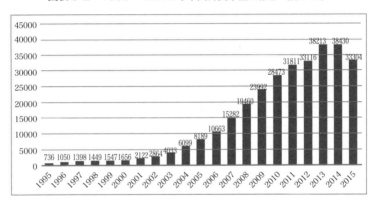

出所：中国国家為替管理局；「中国歴年外貨準備額」（2000年～2015年）により作成。

(2) 中国外貨準備蓄積の政治・経済的背景

中国の外貨準備を増加させた政治・経済的な背景を次に説明する。①アジア危機の教訓として大規模な通貨攻撃に抵抗するために，外貨準備を高める必要があると認識した。②1994年から為替レートを一本化・固定化したドル・ペッグ制を引き継ぎ，為替レートをアンカーとしての固定相場制の下で，為替リスクを軽減し輸出を促進させたため，外貨準備が積み上げられた。③中国の金融

---

95) 奥田広司「世界の外貨準備の膨張について―いくつかの論点の整理」『立命館国際研究』19-3,March(p.218)。

市場は資本規制の強い未発達のものであり，その改革は経済発展より非常に遅れているために，経済成長によって増加した貯蓄が国内投資，対外投資に向かうことを妨げている。

上述のとおり，金融システムの脆弱な体質，市場金利規制など資本市場の不整備によって国内投資・消費の環境が抑制されているため，国内貯蓄が国内投資を上回っていることによって経常収支黒字を増加させ，外貨準備蓄積につながっている。また，資本流出に加えて民間部門の対外投資が抑制されていることから外貨が蓄積された。④90年代半ばから，中国の良好なファンダメンタルズを背景に直接投資を主とした海外からの資金が流入し，中国では国内貯蓄の過剰がありながら，毎年海外から大規模な資本流入がある。

中国の膨大な外貨準備の内訳からみれば，固定為替相場制の下で，経常収支黒字，直接投資による資本収支黒字及び他の資本流入が巨額な外貨準備高を累積してきた。海外資金の流入については，主な原因として中国は90年代に入って，安定的な経済成長を維持し，良好なファンダメンタルズを背景に直接投資などの外貨の流入を誘導している。

中国のファンダメンタルズ（経常収支，財政収支，インフレ率，GDP）からみると，94年からスタートした為替政策改革以降，中国の経常収支が黒字に定着し，引き続き黒字を維持している。財政赤字は90年代にはやや赤字であったが，2004年半ばから黒字に転換した。巨額な財政収支赤字に悩んでいる先進国と比べて，財政状況は良好といえるであろう。消費者物価指数は90年代に2桁の高水準に達したが，1995年に中国政府はマクロ・コントロールを実施し始め，経済政策の目標であるいわゆるソフトランディングを実現した。すなわち高経済成長を維持しながらインフレ率を低く抑制することに成功した。1996年から消費者物価指数は低く抑えている。

こうした経済状況が全面的に改善していることに伴い，経常収支黒字や直接投資に伴う外貨の純流入が伸び，これが中国の外貨準備を押し上げる最も重要な原因であるが，経常収支黒字の原因が大きいとみられている。

(3) 外貨準備蓄積の仕組みと為替政策

中国の外貨準備の増加プロセスは，次のように説明しておく。

(1) 中国の外資優遇政策やグローバル化経済の進展が加速したことを背景に，アメリカを主とした対中国へのFDI投資の流入がすすんだ。

(2)「輸出志向型」の経済体制の下で経常収支黒字の長期化。中国の対外経済では，1982～1984年に旅行などの非貿易収支の黒字が，経常収支の黒字の中で重要な地位を占め，外貨準備の小幅な伸びにも反映された。1985～1989年に輸入が急増して深刻な貿易赤字となり，非貿易収入や純資本流入も貿易赤字を埋めるには至らず，外貨準備は大幅に減少した。その後，経常収支と資本収支もやや改善し，外貨準備もわずかに増えた。

1994～2000年に，為替相場の一本化に伴い対外輸出が促進され，大量の外資が流入した。1997年の金融危機後は外貨準備の増加率が一時激減したが，その後の2年間でやや緩やかに回復した。2001年のWTO加盟以降，多国籍企業傘下の加工貿易規模は著しく増加してきた。加工貿易を中心とした中国の貿易収支が黒字に定着した。そのうち，貿易収支黒字の総額には対アメリカ黒字が大きなシェアを占めている。当然，経常収支黒字により外貨流入が増加し，外貨準備も引き続き蓄積してきた。

(3) 人民元切り上げの期待や中米間金利差に基づく非公式な資本の流れ。国際資金流入の背景にはアメリカの利下げとドル安が続く中，国際資金は人民元に流れ込んだとみられている。中国の国際収支バランス(図表3-3)をみると，1994～1996年にかけて，貿易取引黒字を背景に人民元切り上げ圧力が高まっている，同時に，改革以来の最悪のインフレーションが起こったため，中国は金融引締め政策を行い，貯蓄利子率も引き上げた。それはアメリカの金利よりもはるかに高く，資本流入を誘発させ，資本取引規模は経常収支より大きく，外貨準備高の増加にかなり寄与している。

そして，誤差・脱漏もそれぞれ97.8億ドル，178億ドル，155.7億ドルに達した。1997～2000年にかけて，資本収支は大幅に減少し，さらに1998年に改革以来初めての赤字になった，資本逃走は顕在化してきた。この状況は，

アジア危機以降，人民元切り下げの圧力が強まっている中で，大規模な資本流出は起きてきたといえる。

2001年にアメリカではIT産業崩壊やテロ事件に加えて，アメリカの消費が冷え込む中で，アメリカ連邦準備理事会（FRB）の議長グリーンスパンは景気回復を刺激するため，金融緩和政策を措置し，1年のうち，金利を6.5%から1.75%へと引き下げた。2003年にさらにFOMC（グリーンスパン議長の下で連邦公開市場委員会）は利下げを実施して1%にし，1954年以来の低水準にした。一方で，人民銀行は2004年に金利利子率を引き上げ，アメリカとの金利差は逆に中国の方が高い。同時に，中国対アメリカの経常収支の不均衡が拡大している背景に，人民元切り上げの予想も高まっている中で，中米間金利差と為替差益により「二重利益」を狙う大規模な資本流入が起きていたとみられている。

図表5-3 中国の国際収支バランス表（1994～2014年）（単位：億ドル）

	経常収支	資本収支	誤差・脱漏	外貨準備
1994	7.66	32.644	▲9.78	516.20
1995	1.62	38.675	▲17.80	735.97
1996	7.24	39.967	▲15.57	1,050.49
1997	369.63	21.020	▲22.25	1,398.90
1998	314.70	▲63.210	▲187.23	1,449.59
1999	211.14	51.800	▲177.89	1,546.75
2000	205.19	19.220	▲118.93	1,655.74
2001	174.05	347.750	▲48.56	2,121.65
2002	354.22	322.910	77.94	2,864.07
2003	458.75	527.260	184.22	4,032.51
2004	689.00	1,082.000	130.00	6,099.32
2005	1,608.18	629.240	▲167.66	8,188.72
2006	2,532.68	66.620	▲129.49	10,663.44
2007	3,718.33	735.090	164.02	15,282.49
2008	4,261.07	189.650	▲260.94	19,460.30
2009	2,433.00	1,945.000	▲414.00	23,991.52
2010	2,378.00	2,822.000	▲529.00	28,473.38
2011	1,361.00	2,600.000	▲738.00	31,811.48
2012	2,154.00	▲360.000	▲871.00	33,115.89
2013	1,482.00	3,430.000	▲629.00	38,213.15
2014	2,197.00	382.000	▲1,401.00	33,303.62

出所：中国国家為替管理局；（1994―2014年）「中国国際収支平衡表」より作成。

2001〜2005年に資本取引は，2001年の347.75億ドル，2002年の322.91億ドル，2003年の527.26億ドル，2004年の1,106.06億ドル，2005年の629.24億ドルに達した。いずれにしても，2000年の19.22億ドルよりはるかに大きい。2008年の世界金融危機後，資本流入は大幅に増加している。ただし，近年中国の経済が減速していることに伴い，資本流入の幅は縮小しているとみられる。

2005年の為替制度の改革以降，中国対アメリカの経常収支不均衡を是正せず，さらに拡大してきたのを背景に，為替市場で人民元レートは引き続き切り上げられると予想されていた。人民元相場の上昇は小幅で，長期化するとみられたため，一部のホットマネーが銀行預金に蓄積され，国内貯蓄高は大幅増加した。一方で，人民元の切り上げ期待により，住民の間では外貨建て貯蓄を人民元建て資産に切り替える動きが出ており，その結果中央銀行の外貨保有高が増えて，ひいては外貨準備の増加につながっている。

また，人民元の切り上げ期待が高まる中で，貿易取引額の虚偽申告や水増し申告（貿易取引を通じて貨物輸出入価格の偽申告）が行われ，為替都合によって輸入品価格を高く申告（Import Overinvoicing），または輸出品価格を低く申告し（export underinvoicing），直接投資の偽装（Round-tripping）により国内投資家は資金を海外（香港）へ移転して，FDIの形で国内に還流させている。新聞の報道によると中国へのFDIのかなりの部分は，優遇税制措置を受けるために実際は中国国内からの投資がFDIを装ったものであることを示唆している。

近年，香港のほか，バージン諸島，ケイマン諸島，サモアといったタックス・ヘイブンからの"偽装直接投資"は急増している。1992年，"偽装直接投資"は中国のFDI投資の25％を占めていると推測されており，最近，FDI総額の33％に昇ったとみられている[96]。非公式的な金融取引など，様々な形でホットマネーが国内に流入するようになった。

2008年には中国人民銀行（中央銀行）は7月14日，6月末の外貨準備高が

96）陳春来「中国加入WTO后外国直接投資的総体帰趨和特徴」『中国市場化与経済増長』社会科学文献出版社 2007年12月第1版1刷。

前年同期に比べ35.7％増の1兆8,088億ドルになったと発表した。2007年末からの半年間で2,806億ドル増えた。同期間に貿易黒字は大幅に減っており，外貨準備の急増は「ホットマネー」と呼ばれる投機資金が大量流入した結果との懸念が強まっている。中国の1-6月の貿易黒字は前年同期に比べ11.8％減の990億ドルだった。外資系企業による直接投資額を加えても1,500億ドルしかならず，外貨準備の増加額との差額分に当たる約1,300億ドルの出所ははっきりしない。かなりの部分は投機資金とみられている。投機資金流入の背景にはアメリカの利下げとドル安が続く中で投機資金は人民元に流れ込んだとの見方が多い[97]。

以上みてきたように，外国対中国のFDI投資や中国対アメリカの経常収支黒字及びその他の資本流入により巨額な外貨が中国に流入している。外貨の流入は人民元レートの上昇とつながっている。人民元レートの切り上げはやがて輸出企業に影響を与え，輸出産業が不況になりかねない。この故に，中国は為替市場で買いオペを実施，為替レートの安定が保たれている。

為替相場を安定させるメカニズムは，企業からの外貨買い取り，銀行の外貨持高規制，中央銀行の介入という三者によって構成される。企業は外貨口座の限度額以内の外貨しか持つことができない。民間や通貨当局以外の政府機関が保有する外貨建て資産の大部分は，外貨集中制により，外貨取扱い指定銀行に売り渡さなければならない。

そして，外貨持高規制により，外貨取扱い指定銀行は，限度額を超えた外貨をインターバンク市場へ売り出さなければならない。中央銀行は，為替相場の安定を維持させるため供給過剰の外貨をすべて買い取り，政府の外貨準備として蓄えていくのである。すなわち，多額の外貨が流入しているのに対して，人民元の切り上げ圧力が発生し，中国人民銀行は外国為替市場に介入して外貨を購入し，人民元を売却することを実施している。このような為替レートを安定させる大規模な為替介入の結果，中国の外貨準備は急速に増加している。

---

[97] 『日本経済新聞』「外貨準備高中国1兆8,000億ドル」2008（平成20）年7月15日13版朝刊。

第3節 「未発達の金融市場」における外貨準備の積み上げ

(1) 資本規制の非対称性

　ところが経常収支黒字に匹敵する資本収支赤字（民間対外投資）が生ずれば，外貨準備は増加しない。中国は1996年12月にはIMFの8条国となったため，輸出入や海外送金などの経常収支については人民元の交換性が確保され，中央銀行は，取引の裏付けのある経常項目については「実需原則」（実需に基づかない投機目的の外国為替取引を禁止）を基に外貨の使用を認めているが，資本項目での外貨への需要に対しては様々な規制を設けている。金融市場の未整備や金融システムの不完全によって攻撃的な資本投機が発生すれば，それに応じられないと懸念され，攻撃的な資本投機を阻止するために，対外資本取引が幅広く規制されている。

　資本項目の規制は，「流入が緩め，流出が厳しく」の規制であり，大規模な資本流出や投機的な通貨攻撃を防ぐための措置である。これを資金流出入別にみると，対内投資（資金流入）に関する規制は対外投資（資金流出）に関する規制よりは緩やかになっており，資本収支に黒字が累積しやすいような非対称的な規制系となっている。このように資本取引が厳格に規制されていることで，人民元の投機的な取引が抑制され，投機資金などの大規模な資本流出によって中国が通貨危機に陥る可能性は極めて限られているのであるが，非対称的な資本規制体制は更なる外貨準備の積み上げにつながっている。

(2) 「未発達の金融市場」と外貨準備の積み上げ

　そして，前述のとおり投資を上回る貯蓄（＝経常収支黒字）は，中国の金融市場の未発達により国内投資あるいは民間の対外投資につながらず，外貨準備の蓄積となっていたとみられている。すなわち，中国の対外経済規模が拡大している一方で，それに相応する金融市場が構築されず，巨額な外貨準備を積み上げたと考えられる。

ECBタスク・フォース（European Central Bank・Task Force）文書は，アジア通貨危機以降，アジア諸国は通貨危機を防ぐために外貨準備を増加した傾向があったが，中国等アジア諸国の一層の輸出志向の為替政策が外貨準備増大の根本理由であり，それを増幅させたのがアジア諸国の未発達な金融市場，金融構造であると強調した[98]。未発達な金融システムの下で，国内個人貯蓄が国内投資に有効に利用されていないのである。このため，マクロ経済の観点からみると，投資を上回る貯蓄（貯蓄過剰＝経常収支黒字，例えば中国）は外貨準備になっていくのである。経済発展と金融市場の未発達によって外貨準備が引き続き積み上げられたと考えられる。

　さらに，ECBタスク・フォース文書は民間部門が対外投資を行えば発生する通貨上のミスマッチ（為替差損），金利変動に伴うリスク等を，中央銀行による外貨準備の蓄積によって民間部門から公的部門へシフトさせるという。為替市場，金融市場が未発達であることから有効なヘッジ手段が発達しないのである。そのために民間部門の対外投資が伸びずに，投資を上回る（＝経常収支黒字）は外貨準備になっていくのであると指摘した[99]。

　すでに第1章で述べたように，中国はFDIを通じて経済成長が著しく発展しているが，中国の金融市場，金融構造の改革は経済発展より非常に遅れている。「輸出志向型」の高度経済成長と金融市場の未発達の「非対称」の状況の中で，大規模な外貨準備を蓄積してきた。外貨準備の増大は中国の経済実力の強さを示す一方，経済資源の合理的な配置の問題も問われている。そして中国の2兆ドルの外貨準備高は適正な外貨準備を超えたかどうかについては，これまでも激しい議論が展開されてきた。本稿では適正な外貨準備水準に関する理論を簡単に紹介しながら，中国における適正な外貨準備を分析しておきたい。

---

98) European Central Bank, An International Relations Committee Task Force, The Accumulation of Foreign Reserves, Occasional Paper Series No.43.
99) 奥田広司「世界の外貨準備の膨張について―いくつかの論点の整理」『立命館国際研究』19-3, March 2007 (p.222).

第6章 実務的な観点から分析した中国の適正外貨準備水準

第1節 適正外貨準備理論—比率アプローチ

　早期の適正な外貨準備に関する研究は，これまで国際金融システムの動揺や変化，国際金融市場の混乱の時期にかなり行われてきた。すなわち，1960年代のブレトン・ウッズ体制の動揺の時期には，ブレトン・ウッズ体制を維持するという観点から，望ましい外貨準備保有高はどのように決定され，現実の外貨準備保有高は適切な水準なのかという研究が行われた。その後，1970年代前半のブレトン・ウッズ体制やスミソニアン体制の崩壊，1980年代初めの中南米諸国を中心とする累積債務問題に端を発した国際金融市場の混乱，通貨危機の頻発を受け，こうした国際金融環境の変化によって，望ましい外貨準備のレベルがどのような影響を受けるのかという視点から研究が行われてきた[100]。

　適正外貨準備とは本質的に，各種の国際収支ショックが発生した場合に，バッファー材として機能する外貨準備の規模であると言われている。したがって，国際収支に対して起こり得るショックの本質が変化するに伴い，適正外貨準備の算定基準も変化している。

　第2次世界大戦以降，適正外貨準備に関する研究は4つのモデルがあった。戦後の初め，各国がドル不足に陥り，国際収支の支払も困難になっていた。その時国際収支に対するショックは主として貿易収支から生じ，適正外貨準備も経常収支の支払から算定された。外貨準備高・輸入総額の比率（外貨準備/輸

---

[100] 大谷聡・渡辺賢一郎「東アジア新興市場諸国の外貨準備保有高について」『金融研究』日本銀行金融研究所，2004年12月（p.186）。

入総額の比率,またはR/M比率。Rは外貨準備額,Mは輸入額)は外準カバー率と呼ばれ,輸入代金を外貨準備でどの程度支払いできるかの指標である。

(Triffin,1946)はある国が外貨準備の保有が充分である基準としてはR/Mの比率は30%あるいは40%であれば,当該国は保有している外貨準備で対外経常収支赤字に支払いができるため,当該国の為替相場に影響を及ぼさないと指摘した[101]。具体的には,適正外貨準備は支払い可能な輸入の月数から算定され,最低基準を3ヵ月あるいは4ヵ月とすることが一般的であった。

その後,金融・資本市場のグローバル化,資本移動の自由化の進展を背景に,多くの国が国際収支赤字を計上した上で,短期の外貨資金への依存度が高く,国際収支が資本勘定に大きく左右されている。この故に,資本勘定に関連した変数を利用して適正外貨準備の算定基準が定められた。

その中の代表的な指標が,対外短期債務に対する外貨準備の比率である。これはギドッティ・グリーンスパン・ルールと呼ばれ,1999年に,Guidottiが提唱した「短期対外債務と同額以上の外貨準備を保有するべき」という理論(Guidotti,1999)[102]であり,その後,アメリカ連邦準備委員会の前議長Greenspan(1999)によって,精緻化された。この故にGuidotti－GreenspanルールあるいはGGルール(ギドッティ・グリーンスパン・ルール)と呼ばれている[103]。

GGルールの具体的な内容については,新興市場国を対象に分析され,これらの国においては,最低一年間の債務総額「短期債務支払いを12ヵ月間に返済期日が到来する債務と定義している(発行当初の償還期間とは無関係)」がカバーできる外貨準備を保有すべきであるとみられている。すなわち対外短期債務の100%相当を外貨準備の最低基準としたのがグリーンスパン・ギドッティ・ルー

---

101) Triffin, R., "National Central Banking and the International Economiy," *Review of Economic Studies*, Feb. Issue 1946.
102) Guidotti, Pablo E., *Remarks at G33 meeting*, Bonn, Germany, April 1999.
103) Greenspan, Alan, "Currency reserves and debt", Before the World Bank Conference on Recent Trends in Reserves Management, Washington D.C., April 1999.

ルである。このルールは支持者が最も多く，経験的な裏付けのある適正外貨準備概念である。他にも，国内市場からの資本逃避，即ち，国内証券の売却と売却資金の外貨転換をファイナンスできる外貨準備の規模に注目した資本勘定基準がある。このアプローチでは，国際収支に対する圧力が対外短期債務から発生する予定された資金流出のみならず，国内資本市場における投資家ポジションの清算によっても生じる可能性があることが認識されている。

GGルールの背景は，おそらく1997年に発生したアジア危機であると考えられる。タイ，インドネシア，韓国などの東アジア諸国が，危機以前に，利用可能な外貨準備高が短期の対外負債よりも低くなったために，きわめて深刻な流動性不足の問題に直面することとなったことである。

外債の返済については，返済が可能な外貨を備えておいても，債務返還の時の突発的な為替レートの変動によるカレンシ・ミスマッチ（Currency Mismatch）が生じる恐れがあるので，通貨危機をもたらしかねない。それは1997年のアジア通貨危機から良く知られている。即ち，海外から外貨を借り，それを自国通貨に交換して運営すると，一旦自国通貨の為替レートが弱くなれば，一気に負債が自国通貨建てでは膨らんでしまう。その故に，外貨建て債務を返済しようとすれば，自国通貨売り・ドル買いとなり，自国通貨の価値は一層下落してしまう。

また，ドル建ての短期資金を借り入れ，これを自国通貨建ての長期資産に投資し運営すると，満期返済が来る時，為替相場の不都合で，負債が自国通貨建てで膨張してしまう。また一旦自国通貨が下落しはじめたとき，企業は速やかに自国通貨をドルに交換しなければならないが，これがさらなる下方圧力となって自国通貨の下落に拍車をかけることとなる。特にアジア危機当時，アジア諸国の金融機関が外貨建てで海外から短期資金調達を行った。

一方で，自国通貨建て国内「通貨」と「満期」の二重のミスマッチは『ダブル・ミスマッチ』[104]と呼ばれ，一旦通貨危機によって自国通貨が大きく減価すると，

[104)]「ダブル・ミスマッチ」とは満期ミスマッチと通貨ミスマッチである。満期ミスマッチとは現地の金融機関が，国際金融市場から資金を短期で借り入れ，それを国内企業

金融機関のバランスシートは大きく劣化し，金融危機を引き起こすことになるとみられている。このため，一定の外貨準備を備えておけば，為替レートの激変による通貨危機を防ぎやすくなるという思惑である。したがって，対外短期債務を完全にカバーできるように対外短期債務の100％相当を適正外貨準備の基準とすることになった[105]。

　この他にも取り上げるべき適正外貨準備に対するアプローチがある。広義のマネーに対する外貨準備高の比率と，外貨準備対GDPの比率などである。広義のマネーに対する外貨準備高の比率は高ければ，高いほど金融危機が起こる可能性が低いと判断されている。一般的に，外貨準備対M2の比率の最低水準は10-20％とされ，変動為替相場制の場合は，適正値は5-10％とみなされることが一般的である。

　また，一般的に，外貨準備対GDPの最適値は9％とされ，特定の条件の中で，一国の最適正外貨準備は外貨準備対GDPの比率23％となされている。適正な外貨準備理論について定説はないと思われるが，これまでの研究では，輸入総額，短期債務残高，マネーサプライ，名目GDP等経済変数を用いて外貨準備規模を考察しようという指標が，外貨準備保有高の規模の適切性を考える上で取り上げられている。以上の方法が比率アプローチ（the ration approach）または基準アプローチ（the benchmark approach）と呼ばれている。

第2節　適正外貨準備理論―バッファー・ストック・モデル

　Heller（1966）はミクロ経済の観点から適正な外貨準備に関する理論をモデル化し，バッファー・ストック・モデルという最適な外貨準備保有高の決定理

　　に長期的に貸付け，国内企業への融資が不良債権化したために，国際金融市場での借換えが困難となる。同じく通貨ミスマッチは現地の金融機関が国際金融市場から資金をドル建てで借入れ，それを国内企業に現地通貨建てで貸付け，現地通貨の対ドル相場が大幅に下落，ドル返済するために必要な現地通貨建て支払額が大幅に増大する。
[105] 張志超「最優国際準備理論与測度：文献述評（下）」華東師範大学（哲学社会科学版）2009年第3期。

論を提唱し，外貨準備が国際取引決済の支払いや各種の経済危機が発生した場合にバッファー材として機能するが，その一方で国が外貨準備を保有すれば，当然機会コストがかかると指摘した。

その後，Hamada and Ueda (1977) や Frenkel and Jovanovic (1981) [106] によって展開された。バッファー・ストック・モデルは比率アプローチと異なって，国の外貨準備の動機が直接的に国際貿易取引で支払うことではなく，通貨危機を予防する慎重な目的であると認識したうえで，外貨準備を保有することによって枯渇に伴う緊縮的な経済調整を回避できるという外貨準備保有の必要性と，外貨準備保有の機会費用というコストをバランスさせる水準で決定されると想定されている。最適な外貨準備保有高は経済調整コストと外貨準備保有の機会費用のバランスによって決定される。バッファー・ストック・モデルは下記のように表している (1)。

$$R^* = \sqrt{\frac{2C\sigma^2}{(\mu^2+2r\sigma^2)^{\frac{1}{2}} - \mu}} \quad (1)$$

ここで，R^* は最適な外貨準備保有高，C は経済調整コスト，σ は外貨準備保有高の標準偏差，r は外貨準備保有の機会費用を表す。(1) 式は，最適な外貨準備保有高は経済調整コストや外貨準備の変動が大きくなればなるほど上昇し，機会費用が高まると低下することを示している。

Fenkel and Jovanovic (1981) は，1971年から1975年までの先進国22ヵ国のデータを使って実証研究を行っている。(1) 式を基に分析したバッファー・ストック・モデルは以下のような推計式になっている。

$\ln R^* = b_0 + b_1 \ln \sigma + b_2 \ln r + \mu$

b_1 と b_2 をそれぞれ 0.505，−0.279 と報告している。そしてバッファー・ストック・モデルが示すパラメータ値と非常に近いとして，同モデルは説明力が高く

---

[106] Frenkel, J. A. and B. Jovanovic, "Optimal International Reserves : Astochastic Framework", *Economic Journal* 91, 507-514, 1981.

確認されている。

Fenkel and Jovanovic (1981) は，さらに1国の開放度合い（貿易依存度）を使用して実証研究を行っている。新たなバッファー・ストック・モデルの推計式は下記のとおりになっている。

$$\ln R^* = b_0 + b_1 \ln \sigma + b_2 \ln r + b_3 \ln IM + \mu$$

ここで，IMは輸入量である。最適な外貨準備保有高は輸入量の正関数であり，いわゆる1国の開放度合いが高ければ高いほど，外的ショックを受けやすいため，より多くの外貨準備を保有する理由であると示している。

その後，80年代から頻繁に発生した通貨危機をきっかけに，新興市場諸国では危機が発生した際，国際金融市場からの資金調達が難しく，資金調達ができないケースが起きている。新興市場諸国は国際金融市場からの借入コストが上昇しており，資金調達が困難になったため，これらの国の外貨準備需要が大幅に増加したことが示されている。資金調達の可能性によって外貨準備保有高が影響を受けることを明らかにした。資本流出による外貨準備が枯渇する確率は望ましい外貨準備保有高に影響を与える変数として，バッファー・ストック・モデルで変数（経済調整コストと機会コスト）を加えて，対外債務の輸入比率など外貨準備が枯渇する確率を指標として組み込んでいる。外貨準備が枯渇する確率の高まりによって望ましい外貨準備保有高は上昇するという。

Bessat, Gottlieb (1992)，Gupta (2008) はマクロ経済の面から資本収益率と外貨準備を運用する金融資産収益率との差額は外貨準備の機会コストであると指摘した。言いかえれば，外貨準備を取得する資源は実物経済（本来製造業または他のビジネス）に投資することができる。その一方で，外貨準備資産を外国金融資産（例えば，外国の国債，政府債券，会社株式及び銀行の預金等）に投資すれば一定の収益が得られるのである。したがって，実物経済の資本収益率と外貨準備運用の収益率の差額は外貨準備を保有する機会コストである[107]。

---

107) 李蔚，張志超「一個基與金融穩定的外匯準備分析框架—兼論中国外貨準備的適度規模—」『経済研究』2009年8期 (p.34)。

ただ，中央銀行側にとって，外貨準備を保有する資金調達コスト（cost of carry）は自国の利子率と外国の金利との差額である。外貨準備資産を購入するためには中央銀行が新規の負債を発行する，例えば，中央銀行の手形を発行して外貨資産を購入する。中央銀行はこれらの負債に対して，一定の利息を付ける。その一方で，中央銀行は保有する外貨準備資産で当然国際投資を行い，金利が得られる。したがって，両者の差額は中央銀行が外貨準備を保有する資金調達コストになる。

もうひとつの問題は国が外貨準備を保有することには，他のコストがある。それは，買入れオペレーションコストである。例えば，国の外貨準備が急速に蓄積している場合，外貨準備の積み上げにより過剰流動性をもたらし自国通貨のマネー・ベースを増加させ，過剰流動性を吸収するため，政府当局は買い入れオペレーションを行わなければならない。その場合，政府は自ら債券を発行して過剰流動性を吸収することができる。ただし，自ら発行する債券に対して金利を支払うことになり，コストが発生する。すなわち，外貨準備は急速に蓄積すればするほど，必然的にコストも大きくかかる。

このように一旦外的な要因が金融危機を引き起こすことによる国内経済への悪影響を軽減するために，外貨準備の保有は必要となっている。しかし，外貨準備保有には経済調整コストと機会コストなどがかかる。このため，望ましい外貨準備保有高はどのように決定され，現実の外貨準備保有高は適切な水準なのかという研究が行われた。本稿はこれらの指標を使って，中国での外貨準備保有高の規模の適正量を分析していくことにする。

第3節　中国における外貨準備の適正水準の試算

(1) 中国外貨準備保有高の動向

上述のとおりこれまでの研究では，名目GDP，輸入総額，短期債務残高，マネーサプライといった経済変数で外貨準備保有高を除した指標が，各国間での比較や外貨準備保有高の規模の適切性を考えるうえで利用されてきた。外貨

準備保有高・名目GDP比率は，国の経済規模に応じて望ましい外貨準備保有高が増加するという考えである。外貨準備保有高・輸入総額比率は，外貨準備カバー率と呼ばれ，輸入代金を現在保有している外貨準備でどの程度の期間に支払うことができるのかを表している。

また，外貨準備保有高・短期債務残高比率は，対外ファイナンスが困難になった場合の当該年に支払い期限が来る債務の支払い能力を表し，通貨危機発生の早期警戒指標として使われている。さらに，外貨準備保有高・マネーサプライ比率は，潜在的に資本逃避が発生する可能性がある金融資産額によって外貨準備保有高を基準化したもので，外貨準備保有高・短期債務残高比率と同じく，通貨危機発生の可能性を示している[108]。次はこれらの指標を用いて中国の外貨準備保有高の動向を考察する。

中国では，90年代にかけて金融改革が始まり，金融市場は極めて不安定化していることによって，1995～2000年に外貨準備の適正水準を示す指標として外貨準備保有高対マネーサプライ比率，外貨準備保有高対短期債務残高比率，外貨準備高対輸入総額比率が，それぞれ不安定的に変動しており，変動幅も大きいと考える。2001年にかけて外貨準備保有高・マネーサプライ比率，外貨準備保有高・短期債務残高比率，外貨準備保有高・輸入総額比率がそれぞれ大幅に上昇している。

また，外貨準備対短期債務比率が2000年までに，極めて不安定的に変動しているが，2001年にかけて徐々に上昇している。アジア通貨危機で発生した短期債務の引き上げに対応できるようにする思惑から，外貨準備が短期債務に対して100％カバーしているかどうかという基準ギドッティ・グリーンスパン・ルールに基づくと，1995～2001年まで外貨準備対短期債務の比率は極めて不安定化している。2001年から外貨準備対短期債務の比率は徐々に上昇している。これは中国経済規模が拡大していることにつれ，外貨準備高は短期債務より相対的に拡大していると考えられる。近年，中国では短期債務高の

---

108) 大谷聡, 渡辺賢一郎「東アジア新興市場諸国外貨準備保有高について」『金融研究』日本銀行金融研究所, 2004年12月 (p.190)

10 倍に近づいている外貨準備を保有している（図表 6-1 を参照）。

図表 6-1　外貨準備保有高・短期債務残高及び比率　（億ドル）

n	1995	1996	1997	1998	1999	2000	2001	2002	2003	2004	2005	2006	2007	2008	2009
a	736	1,050	1,399	1,450	1,656	2,122	2,864	4,033	6,099	9,560	8,188	10,663	15,282	19,460	23,992
b	119	141	181	173	152	131	653	708	922	1,232	1,561	1,836	2,201	2,107	2,593
r	6.18	7.45	7.71	8.36	10.90	16.20	4.39	5.70	6.62	6.67	6.83	8.32	9.25	9.24	9.25

注：a（外貨準備保有高），b（短期債務残高），r（a/b; 外貨準備保有高・短期債務残高比率）。

図表 6-2　外貨準備保有高・短期債務残高比率推移

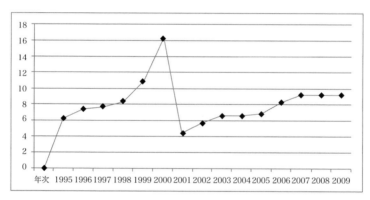

出所：中国人民銀行；中国国家為替管理局：「中国外債」，「中国歴年外貨準備」（1994年～2010年）等より筆者作成。

また，外貨準備保有高対輸入総額比率は 2001 年以降，急速に上昇している。外貨準備高は当該年の輸入総額よりはるかに上回っている。2001 年以降，中国の外貨準備高は当該年度の輸入総額を超えている（図表 6-3 を参照）。中国国家商務部の「2007 年中国国際収支報告」によると 2006 年に，中国の外貨準備高は 15 ヵ月の輸入総額に相当すると報告された[109]。

---

109) 中国国家為替管理局国際収支分析小組「2006 年中国国際収支報告」2007 年 5 月 10 日（p.12）

図表 6-3　外貨準備保有高・輸入総額及び比率　（億ドル）

n	1995	1996	1997	1998	1999	2000	2001	2002	2003	2004	2005	2006	2007	2008	2009
a	736	1,050	1,399	1,450	1,656	2,122	2,864	4,033	6,099	9,560	8,188	10,663	15,282	19,460	23,992
u	1,321	1,388	1,424	1,402	1,657	2,251	2,436	2,952	4,128	5,612	6,599	7,915	9,560	11,331	10,055
r	0.56	0.76	0.98	1.03	1.0	0.94	1.18	1.37	1.48	1.70	1.24	1.35	1.60	1.72	2.39

注：n（年次），a（外貨準備保有高），u（輸入総額），r（a/u; 外貨準備保有高・輸入総額比率）。

図表 6-4　外貨準備保有高・輸入総額比率推移

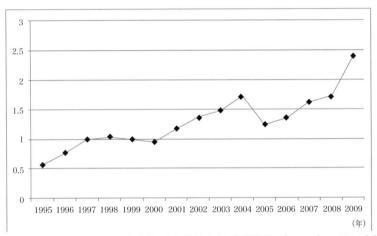

出所：中国人民銀行；中国為替管理局：「中国歴年外貨準備」（1995 年～ 2007 年）；『2008 年中国統計年鑑』により筆者作成。

そして外貨準備保有高対マネーサプライ比率も引き続き上昇しており，2001年から大幅に上昇し固定相場制の場合の最低水準 20％を超えている。一般的に外貨準備保有高対マネーサプライ比率が高ければ，人民元の信頼性が強まり，金融安全を確保すると思われる。2003 年から外貨準備高対マネーサプライの比率は 20％を超えており，最近では 30％に近づいている（図表 6-5 を参照）。

図表 6-5 外貨準備保有高・マネーサプライ（貨幣供給量）及び比率 （億ドル）

n	1995	1996	1997	1998	1999	2000	2001	2002
a	736	1,050	1,399	1,450	1,656	2,122	2,864	4,033
m	7,276	9,152	10,978	12,622	14,483	16,260	19,124	22,352
r	0.1	0.11	0.13	0.11	0.11	0.13	0.15	0.18
n	2003	2004	2005	2006	2007	2008	2009	
a	6,099	9,560	8,188	10,663	15,282	19,460	23,992	
m	26,727	30,701	36,470	43,353	53,051	68,416	89,332	
r	0.23	0.31	0.22	0.25	0.29	0.28	0.27	

注：n（年次），a（外貨準備保有高），m（貨幣供給量），r（a/m；外貨準備保有高・貨幣供給量比率）。マネーサプライについて当該年度の為替レートで（人民元・ドル）ドル建てに換算したものである。

図表 6-6 外貨準備保有高・マネーサプライ（貨幣供給量）比率推移

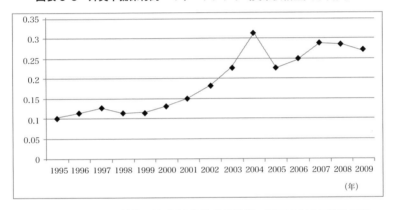

出所：中国人民銀行；中国為替管理局：「中国歴年外貨準備」；『2008年中国統計年鑑』により筆者作成。

以上みてきたように，現在中国の外貨準備保有高はすでに適正外貨準備水準をはるかに超えていると考える。更なる中国の外貨準備の適正水準を考察するために，次の試算を行う。

(2) 中国外貨準備の適正水準に関する試算

ここで国際収支危機に備える角度から，2009年の中国の外貨準備の適正水準について次のとおり算出する。経常収支リスクに備えるべき外貨：上述のと

おり適正な外貨準備理論に基づけば，最低水準で輸入3ヵ月分の外貨を保有する必要があるが，中国の状況において，さらに，輸入額3ヵ月分の外貨準備を備える必要があると考える。すなわち，政策調整や突発事件に対応できるために，少なくとも輸入額6ヵ月分の外貨準備を保有しなければ，経済の安定成長を確保できないと考え，2009年の輸入総額を参考にすれば，輸入決済用として約5,028億ドルの外貨準備が必要となる（2009年の輸入総額を参考にすれば，2009年末輸入総額は約10,056億ドルであり，平均1ヵ月の輸入額約838億ドルに基づいて計算すると，6ヵ月約5,028億ドルの外貨準備が必要となる）[110]。

2009年12月末の中国対外債務（長期債務含む）総額を参考にすれば，対外債務に対する100％のカバー比率として算定した最低外貨準備所要額は4,286億ドルとなる（2009年12月末に中国対外長期債務額は1,694億ドル，短期債務2,594億ドルであるから，すべての債務に対して，外貨準備で100％カバーするとすれば，債務返済用として約4,286億ドルの外貨準備を備える必要がある）。

資本逃避リスクに備える外貨：緊急事態に遭遇して，ないしは為替相場の都合で母国への送金が行われるとなれば，2009年末に既に海外企業の対中国直接投資は約9,600億ドルを投資している[111]。投資収益率は10-15％であるとみられている。このため，外国資本投資利益を本国へ送金する外国資本の引き上げに備える必要な外貨準備額は約960億ドルから1,440億ドルとなる。

2009年年末外国投資家は中国の証券へ387億ドルあまりを投資している[112]。緊急事態に遭遇して，外国資本は急に引き上げ，外国投資家は保有する証券を売却し，外国投資家の大量の逃避を引き起こすことに備える外貨準備額として387億ドルが必要となる。こうした事態では資本管理も必然的に大打撃を受けているはずであり，国際収支の「誤差脱漏」の金額も増加する。ここで，為替レートが激しく変動することを防ぐために，為替政策運営において最低限度の安定を維持しようとすれば，為替介入の対応として約800億ドルの外貨準備が必要

---

110) 中国人民銀行；中国為替管理局：「2009年中国国際収支報告」2010年4月9日。
111) 中国国家統計局，『2008中国統計年鑑』(17-14)；中国為替管理局：「2008年中国国際収支報告」，「2009年中国国際収支報告」。
112) 中国人民銀行；中国為替管理局「2009年中国国際収支報告」。

となるとみられている[113]。したがって、国際収支危機に備える必要な外貨準備は次の計算になっている。

輸入支払い（5,028）＋債務返済（4,286）＋資本収益送金（960～1,440）＋

資本逃避（387）＋金融政策運用（800）

＝1兆941億ドル～1兆1,461億ドル

以上の計算によると資本移動が十分に自由化されてない限り，適正外貨準備理論に基づき試算した結果として中国は1兆1,461億ドルから1兆1,941億ドルの外貨準備を保有すれば，一時的な国際収支危機に対応可能であり，短期的に経済運営の安定を確保できると考えている。

また，中国が必要としている合理的な外貨準備について，国務院発展研究センター金融研究所の夏斌所長が試算したところでは，①対外債務返済用として約3,000億ドル，②輸入決済用として3,600億ドル，③緊急時対応として約800億ドル，合計7,000億～7,400億ドルとしている[114]。

張志超（2009）の研究によれば，中国は経済大国でありながら，金融市場の安定にはきわめて敏感である。このため，中国の外貨準備保有規模を考察する際，金融安全性，資本移動及び実体経済状況を考慮した枠組みで，適正な外貨準備規模を分析する必要がある。金融安定を確保するために，1.4兆ドルから1.5兆ドルまでの外貨保有は中国の金融安全を確保する前提条件になっており，1.5兆ドルから2.5兆ドルの外貨準備を保有すれば，中国の金融安全が確保できると推計された[115]。

以上算出した適正な外貨準備高は，すでに中国国内マクロ経済・政策は大きく変化せず，国際資本移動も限度があるという前提で分析したものである。ただし，国内マクロ経済環境及び国際情勢の変化，金融市場の変動，攻撃的な資本投機，企業や民間など為替利用に生じうる変化などを考慮すれば，どのぐら

---

113) 夏斌，陳道冨「外貨準備急増への対応」，*Chinese Capital Markets Research*.
114) 野村資本市場研究『中国証券市場大全』日本経済新聞出版社，2007年11月 (p.350)。
115) 李蔚，張志超「一個基與金融穏定的外匯準備分析框架―兼論中国外貨準備的適度規模―」『経済研究』2009年8期 (p.34)。

い外貨準備を高めればいいのかという判断は難しいといえる。

例えば，2009年にロシアでは，グルジアの問題やエネルギー価格暴落などによる外国投資家の大量の逃避を引き起こした。ロシア経済の急成長を支えたのは原油価格の高騰に加えて，欧米の外資流入であった。世界金融危機で，近年「黄金のルーブル」と評価されているルーブルが下落している。昨年秋から今年三月にかけて，1ドル＝25ルーブルが同34ルーブルと急落している。約40％ものルーブル安である。ルーブルの急落を防ぎ緩和するために，ロシア中央銀行はルーブル買い・ドル売りで介入を強化した。ロシアの民間対外債務は4,500ドルであり，通貨安は債務返済のコスト高を招くからである。結局，去年8月から，外貨準備高は，ルーブル買い支えや貿易収支の赤字によって，2009年秋の4,600億ドルから2月段階で3,460億ドルと約30％も減少している。

たしかに中国は2兆ドル強の外貨準備を保有しているが，金融危機に見舞われた時，これで十分であるかどうかはロシアの例にも示されるとおり，確定できないのである。また，中国へ流入しているホットマネーの規模については，外貨管理部門と経済学者が推計した。張明（2008）は必要な調整を加味した外貨準備高から貿易黒字とFDIを引いた額に，貿易黒字とFDIに潜むホットマネーを加えて，2003年から2008年第1四半期までに中国へ流入したホットマネー総額を1兆2,032億ドルと算出した。ホットマネーの中国での累計収益は5,510億ドルとなる。一旦危機が発生し，ホットマネーが引き上げられると巨額の外貨準備高を有しても，十分に対応できないと考えられる[116]。

現在の状況においては中国の2兆ドル強の外貨準備は適正な外貨準備の水準を超えているといえるであろう。その超えた外貨準備をいかに効率的に運用すべきか課題になっている。適正規模を超えた外貨準備を積極的に運用する際に，ドルから人民元への兌換が二回生じるという問題に直面するのではないかと心配する向きもある。中央銀行がベースマネーを発行して外貨を獲得して

---

[116] 李婧「新グローバル金融環境下の中国金融開放の安全性」『国際金融』1199 (21.4.1)。

外貨準備が形成されるが，外貨準備を再度使用する際，再び中央銀行に対してベースマネーと交換する要求が出る。つまり，ある外貨資産に対して国内で二回ベースマネーが放出されることになり，国内の過剰流動性問題を激化させインフレ圧力を増大させるのではないか，という懸念である。こうした懸念に対しては，適正規模を超えた外貨準備の積極的な運用は，主に海外に向け，運用すればいいと考えられている。

中国の外貨準備はすでに適正と思われる水準を超えており，その一部を中央銀行から分離させ，別組織として設立される国家外貨資産投資会社にその運用を委ねることが望まれる。このような資金は，企業の対外投資や，国内の経済構造調整を支援するために活かされるべきであると主張されている[117]。

---

117) 張 燕生，張 岸元，姚 淑梅「膨大な外貨準備をいかに運用するか」『季刊中国資本市場研究』2008 Spring (p.44)。

第7章 外貨準備の巨大化を背景に対米国債への運用

第1節 グローバル・インバランスと中国の対米国債への投資

(1) 中国の対米国債への投資

　以上みてきたように中国外貨準備蓄積には主として対中FDIの流入，巨額な経常収支黒字及びその他の資本流入がある。巨額な経常収支黒字を抱えている中国では，人民銀行や政府関係機関が，外貨準備運用においては主にドル建て運用を目的に，対米投資（米国債・機関債）を行っている。このため，中国は外貨準備として巨額の米国債を保有している。

　上述のとおり，中米間経常収支不均衡が拡大していることに連れ，米国の経常収支赤字の問題が懸念されているが，結局，経常収支赤字のファイナンスは問題に至らなかった。米国経常収支赤字の対極にある中国等東アジアや産油国も，主として米国債投資によって米国の赤字をファイナンスし，米国の経常収支赤字による資金不足を補っている。つまり，米国の経常収支赤字が市場の力で円滑にファイナンスされているといわれている。とりわけ，中国は外貨準備の約7割を米国債などの金融商品への投資に集中しており，米国経常収支赤字のファイナンスに大きく貢献している。

　米国では金融商品の革新，デリバティブの開発もはやく，世界の投資家に魅力的な投資機会を提供している。そのため世界の過剰貯蓄（中国の貯蓄を含む）は最終的には米国のドル建て資産に織り込まれている。現在，中国政府が保有している外貨資産のうち，外貨準備が大部分を占めており，残りは特別引出権（SDR），IMFリザーブポジション及び金である。外貨準備運用において中国は

米国の長期証券に主として投資している。投資している米国の長期証券は圧倒的に米国国債，米国社債，ファニーメイなど政府機関債である。

2006年には，長期と中期の米国債の発行額のうち約55%を購入している。2007年の米国債の保有の順位をみると日本はトップであったが，中国が追い上げてきて2位につけている。2008年9月末の中国の米国国債保有高は5,850億ドルに達し，日本を抜いて最大の米国債保有国となった。

2009年の年末に中国の公的準備は1兆9,500億ドルである。しかし，民間シンクタンクによると，2兆3,000億ドルあると言われている。これは中国国民1人当たり1,600ドルに等しい。その内，1兆7,000億ドルはドル建て資産に投資している。2008年に，中国が経済圧力にあった時も，中国のGDPの10%以上の額に当たる4,000億ドル以上を米国に貸していることになる[118]。中国の膨大な外貨準備は，世界最大の経常収支赤字国である米国に主に向かっている。海外の投資家が保有する米国債のうち，中国による保有比率は徐々に増加し，直近では20%以上を占めており，国別にみた米国債の保有高において中国が世界第1位となっている。

グローバル・インバランスの拡大に伴い，中国から米国への資金の純流入は増えてきた。通常の理論に基づけば，資本の豊富な先進国から資本の稀少な新興国あるいは発展途上国に資金が流入することが考えられるが，その逆の資金の流れ（up-hill capital flow）は起こった。それは驚くべきことではなく，米国の巨額な債務と中国の過大な外貨準備は世界経済・金融グローバリゼーションの下で補完関係を形成したというわけである。世界経済・金融グローバル化が進展している下で，「金融立国」に立つ米国と「世界工場」に置かれている中国の両国はそれぞれ自己メカニズムを強化し両国の経済・金融関係は相互依存・相互制約の関係を築いてきた。

(2) 外貨準備運用のリスク

グローバル経済化の下で，多くの先進国と新興市場諸国を巻き込んで，国際

---
[118] *Financial Times*, Feb.23, 2009.

分業体制をより強化し世界経済の連動性が高まっている一方で，世界金融統合により未成熟な金融市場（経常収支黒字国）の外貨準備は常に高流動性・安定性を追求して債務国米国の発達している金融市場に流れ込んでいるわけである。このため，世界経済不均衡が拡大していることに伴い，基軸通貨国米国の巨額な債務と周辺国の外貨準備過剰には補完関係が形成された。しかし，このような金融関係は周辺国にとって大きなリスクを抱えている。米国は債務不履行に至らないが，ドル安が進行すればつねに周辺国の対外資産の減価をもたらすのである。

外国の投資家にとって，米国債の購入に伴う，より現実的なリスクは，為替変動リスクである。米国債が債務不履行となる可能性は小さいが，ドルが下落する可能性はかなり高い。ドルの下落は，国内における価値の下落と国外における価値の下落の二つに分けることができる。国内における価値の下落は物価上昇や資産バブルによってもたらされる。また，国外における価値の下落は主としてドルの為替レートの下落のことである。

これまで中国の外貨準備資産は，安全性や流動性を前提に国家外貨管理局がその運用責任を持ち，主に米国債に投資してきている。しかし，膨大な外貨資産を運用部門や運用先に集中しすぎるリスクや為替リスクなどが高まり，高収益で長期運用するためのポートフォリオの再構築や運用先の多様化が必要と見られている。中国の外貨準備が急速に積み上げられていく中で，外貨準備の運用が課題になっている。中国外貨準備運用においては投資の多様化とリスク分散することに迫られている。

(3) 多様化に迫られた外貨準備の運用

外貨準備においてリスク分散を図って実物投資も進んでいる。「卵を一つのバスケットに入れるな」というポートフォリオ―投資に従って外貨準備をドル資産以外への投資や，実物の購入に利用することが有力視されている。このため，中国の金の保有量は急増している。2003年の600万トンから，2008年年末1,054万トンへ倍増した。米国，ドイツ，フランス，イタリアに次ぐ世

界5位になっている。それにしても，米国，ドイツ，フランス，イタリアがそれぞれ金の保有高対外貨準備の比率は，76.1％，63.2％，56.9％，66％の高い割合に対して，中国では金の保有高が外貨準備に占める割合は2％に過ぎない。ところが，中国が金の保有を買い増していると共に，国際市場での金の価格は大幅に上昇したとみられている。すなわち，大規模な外貨準備を実物に投資すれば，すでに国際市場の需給バランスに影響を与えているといえる[119]。

そして，外貨準備の中で，ドル資産以外のユーロや日本円，韓国ウォン等の通貨の割合を増している。日本財務相によれば2010年に中国は日本国債への投資をも増やしており，6月まで対日本国債の購入額は4,564億円に達した。過去5年間で日本国債保有額を6倍に増やした。同時に中国は韓国ウォンへの投資も大幅に増やしている。韓国監督院によれば，2010年6月まで，中国の韓国国債の保有高は3.99万億ウォンに達し，前年年末より111％増加した。しかし，それにしても外貨の構成からみるとドル以外の通貨の割合が低くそれぞれの通貨国との貿易規模に見合っていないと考えられる[120]。

通常，国は3ヵ月あるいは6ヵ月の輸入額支払いに備える輸入相手国の外貨を保有する必要があるとみられている。輸入規模を国別にみると，中国の外貨準備構成の中で，ドルの割合は大きすぎて，ユーロの割合は適当であり，日本円及び他の通貨の割合は非常に低いとみられている。現在，中国の貿易の構造及び石油貿易の特殊性を加えて，中国の貿易決済に備える外貨総額に占めるドルの割合は35％（米中貿易の中国の貿易総額に占める割合は13％である）が必要となり，ユーロの需要は16％，日本円の需要は12％，韓国ウォンの需要は7％，香港ドルの需要は7％，東アジア諸国通貨の需要は10％，そしてインド，カナダ，オーストリア，ロシア，ブラジル等の通貨の需要は合計10％，その他の通貨需要は3％である。

ところが，2009年の年末においては，中国の外貨準備構成のうち，ドルの

---

119) 『中国・広州日報』「全球黄金準備順位公布」2010年12月16日。
120) 『中国・世界軍事団』「中国外貨準備悄然偸天換日」2010年9月23日。

割合は70％であり，ユーロ，日本円及び他の通貨はそれぞれ25％と5％を占めている。しかしながら，欧米を除いて，中国と他の国との貿易額は中国の貿易総額に占めるシェアーは71％である。中国の外貨準備の構成は貿易の構造にとても見合ってないと考えられる。したがって貿易構造の変化に照らして中国の外貨準備の構成を再調整する必要がある。現在の外貨準備構成の中で，ドルの割合を減らし，日本円，韓国ウォン及び新興市場国の通貨の割合を増やせば，外貨準備運用で一つの通貨に集中しすぎるリスクの分散を図れる。

第2節　困難に直面する外貨準備運用及びSFWの設立

2007年1月に開かれた5年ぶりの全国金融工作会議では，人民元の一段の柔軟化や外貨準備の管理体制の改善などによる金融調整機能の強化などが上げられた。温家宝・首相は「外貨準備の管理体制を強化し，運用方法を拡大する」と述べ，外国債券に偏っている外貨準備の運用先を多様化する方針を明らかにした。このため，中国のグローバル戦略の柱として「走出去」[121]による対外投資を推進しており，外貨準備運用におけるリスク分散及び効率化を目指した動きが急がれている。しかし，外貨準備の運用は常に困難に直面している。

(1) 非対称的な資本規制体系

中国では，資本規制に関しては様々なヘッジ手段を設けている。資本取引は幅広く規制されている。資金流出入別にみると，対内投資（資金流入）に関する規制は対外投資（資金流出）に関する規制よりは緩やかになっている。すなわち，資金流入のうち海外からの直接投資は国民待遇が保障されるなど自由化が進展しつつあるほか，中国企業の対外借入れや海外市場での上場，債券発行などに関する許可を取得するのは困難ではないといわれている。一方，資金流出面では，中国企業の直接投資はかなり厳格に制限されてきたほか，対外貸出

---

[121]「走出去」政策とは，外貨準備が急速に積み上がっていくことを背景に，中国企業が海外に直接投資を行うように国家政策面で奨励することを指す。

や対外証券投資は厳しく規制されていた。この故に，資本収支に黒字が累積しやすいような非対称的な規制体系となっている。

また，為替管理制度「集中管理，統一経営」に基づき，民間の外貨保有及び使用が限定され，外貨が外貨保留制度によって為替管理局に集中されるようになっている。このため，民間対外投資が規制されている。また，民間対外投資はすでに為替リスクを負わざるを得ず，対外投資の意欲が抑制されている。一方，経常収支黒字額は拡大しつつあり，これに対して資本赤字額（民間対外投資）が不足している。このため，経常収支黒字は外貨準備の増加につながってしまった。

(2) 政治的な制約

中国では，外貨準備積み上げを背景に，民間の外貨の所有と使用を奨励し，外貨投資を促進させようと政策が打ち出された。2003年以降，外国人の中国株取得のチャネルとなる適格外国機関投資家QFII (Qualified Foreign Institutional Investors) 制度[122]，及び中国人の外国株取得のチャネルとなる適格国内機関投資家QDII (Qualified Domestic Institutional Investors) 制度[123]を定めた。また，中国経済グローバル戦略の柱として国内の金融機関と投資家の「走出去」戦略を実施したほか，2004年には，中国企業の対外投資ガイドラインが公表されている。

しかし，対外投資はより困難になりつつある。とはいえ，2005年には中国海洋石油公司（CNOOC）がほかの企業から買収提案を受けていたユノカルに高値での買収を提案し，米国メジャーのシェブロン系石油・LNG会社

---

[122] QFII制度は2002年11月までは非居住者の国内証券投資（A株や人民元建て債券の取得）は禁止されていたが，外国投資家は当局（証券監督管理委員会）からQFIIの認定を受ければ，一定金額の範囲で国内証券に投資することが可能になった。現在，中国政府からQFIIの認定を受けている外国金融機関は，UBS，シティ・バンク，モルガン・スタンレー，ゴールドマン・サックス，HSBC，ドイツ銀行，野村証券など20社に上る。

[123] QDII制度は国内投資家の海外市場への投資を完全に自由化する前の段階で，当局に認定されたQDIIを通じて，一定の金額内で限定的に海外の資本市場への投資を認める制度である。

UNICOLへの買収を行ったこともあるが,ユノカルは米国で第12位の石油会社に過ぎず,戦略的資産であるとはとてもいえない。それに,主に中国の周辺で操業しているので,中国にとっては,投資銀行がつねに推奨している合理化目的の買収対象になる。しかし,米国国内では対中国の警戒感が強まってきたため,買収は結局的に成立しなかった。米国議会は安全保障の見地から,外国企業による米国企業買収を阻止する権限を有している対米海外投資会社委員会(CFIUS)による監視を強化した。新たな法律では,外国の国営企業による買収は自動的にCFIUSの調査対象になる。こうした先進国の間では,他国の国有企業による投資に対する不安がある[124]。

(3) 政府系ファンドCIC(Sovereign Wealth Fund)設立

2006年半ばごろから中国政府は,2007年9月に登録資本2,000億ドルの100%国有の政府投資ファンド:中国投資有限公司(China investment Corporation; CIC)を設立した。中国投資有限公司(CIC)は中国政府系ファンド(sovereign wealth fund)である。

中国では,経常収支黒字が引き続き拡大していく中で,外貨準備に代わって,SWFを活用する動きが進むことによって,これまで米国債に集中しすぎた外貨の投資より多様な国の多様な資産に向かう可能性がある。政府系ファンドは金融市場において重要な投資主体として役割を担い,外貨運用の効率化を高めると期待される。また,ドル為替レートに対する減価圧力や米国債金利に対する上昇の圧力となってグローバル・インバランスの是正に寄与する可能性も考えられる(2008年『世界経済の潮流』第3節「SWFの台頭とその影響」)。

しかし2007年夏場に米国に端を発したサブプライム問題の広がりと共に,世界大手金融機関やファンドなどが大損失を被った。中国も例外ではなく,金融機関や政府系ファンドも外貨建ての資産運用には大減価を計上した。中国の大手商業銀行は米国政府系住宅金融公社ファニーメイ(連邦住宅抵当公社)と

---

[124] P.マカリー・R.トルーイ「適正外貨準備:依然として重視すべきか」*Global Central Bank Focus,* 2007年11月 (p.10)。

フレディマック(連邦住宅貸付抵当公社)の債権253億ドル,リーマン・ブラザーズに関する債権約6.7億ドルを保有している。中国政府系ファンドはモルガン・スタンレー株の9.9%を保有している。CICが米金融機関に投資するのは,2007年5月に米プライベートエクイティ大手のブラックストーン・グループ(Blackstone Group)の株の9.9%に30億米ドルを投じた。しかし,ブラックストーンの株は上場以来84%も下がった。そのあと,CICとモルガン・スタンレーの契約によると,CICは株式に転換可能な出資証券を約50億米ドルで購入した。金融危機で出資先の株価が急落したことに伴い,2案件の評価損は一時,60億ドルに上った[125]。

CICは設立した直後,対外投資運営において大きな損失を出してしまった。国内で批判的な声が高まっている。そして,「実体経済と関係のないデリバティブには触れたくない」,「先進国の金融機関へ投資する勇気はない」とCICの楼継緯会長の発言が波紋を広げている。CICの対外投資はかなり挫折を受けている。中国は世界最大の外貨準備を保有して,これは経済的撹乱に対する保険の意味もある。しかし,国内で大きな資金が運用されず価値が急落するモノ(ドル価値が下がれば)に投じて,貧乏な国がなぜ裕福な国に融資するのかについて批判的な声を浴びている。

以上みてきたようにグローバル化経済進展の下で,国際分業が加速し,世界投資及び生産拠点が急速に中国へ移転したことを背景に,中国では投資と生産規模の拡大によって経済の高速成長を促進させると同時に,対外貿易取引の著しい発展と金融市場発展の停滞という矛盾が過激化してきた。結果的に経済的な不安定が潜伏し,貿易収支黒字により積み上げた外貨準備が巨大な通貨リスクにさらされている。

---

125) 李婧「新グローバル金融環境下の中国金融開放の安全性」『国際金融』1199(2009(平成21).4.1)(p.19)。

第3節　中国外貨準備運用の現状に対する評価

　過大な外貨準備の蓄積が一旦突発した通貨危機により経済発展にマイナス影響を与えることは防げないが，中国の外貨準備高は現在，すでに2兆ドル程度に達している。その上，毎年約3,000億ドルのペースで増え続けている。外貨準備の運用方針は依然として安全性と流動性を最優先している。外貨準備保有には為替政策のコストが高まっているほか，外貨準備に占めるドルの割合が高すぎで，ドルの価値が下落すればドル建ての減価が生じる。

(1) 世界金融危機の中でジレンマに陥った中国外貨準備の運用

　世界金融危機以来，米国において景気対策として打ち出された金融緩和と財政拡大策は，インフレの高騰と対外収支の悪化を通じて，金利上昇とドル安，ひいては米国債の保有に伴うキャピタル・ロスを招きかねない。

　2009年末に米国対外ネット債務対GDPに占める比重は28.95％であり，対外ネット債務対輸出の比重は272％に達した。こうした高い対外債務額に対して対外輸出により取得した外貨で債務返済することはきわめて困難である。ところがドル安が進行すればするほど中国の外貨準備は目減りが生じてしまう[126]。

　2010年にかけても，米国では失業率も高まっており，米国の経済行方はまだ不透明の状況にある。連邦政府の財政と地方政府の財政状況は悪化し続けている。米国連邦政府（FED）は経済を刺激するため，金融緩和政策が打ち出され，連邦準備金利と国債利子率は大幅に下落した。さらに米国貿易収支は引き続き悪化しており，貿易収支赤字対GDPの比率は約4％に達している。こうした貿易収支赤字で米国の巨額な対外純債務を軽減することはまったく不可能といえる。

　オバマ政権は経済目標（雇用の増加）を達成するために，今後5年間で輸出倍増プランと貿易収支均衡の戦略を目標にしている。これを達成するために，米国の貿易赤字対GDPの比率を4％から2％まで引き下げる必要があるとみ

---

126)『中国・世界軍事団』「中国外貨準備悄然偸天換日」2010年9月23日。

られている。このために，米国対外ネット債務対GDPの比率が現在の水準以上悪化しない限り，ドル・レートは30％切り下げしなければならないと予測されている。

　ドルの為替レートが下落した場合，外国の投資家がより大きな損失を被ることになる。外国投資家にとって，ドル建て資産も最終的には自国通貨で計算されるため，ドルが下落すると自国通貨に換算した元利が目減りし，投資の損失を招く。しかし，ドル安は米国にとって逆に債務負担の軽減につながる。米国は債務超過国でありながら，様々な形で債権を保有している。海外への直接投資をはじめ，米国が保有する債権はほとんどが外国通貨建てで計算されていることに対して，米国の対外債務はドルで計算されている。ドルが下落した場合，米国の保有する債権のドル換算額は増加するため，ドルで計算される債務超過額は減少することになるわけである。

　米経済分析局によると，外国の対米投資の60％は米財務省証券など低金利の確定利子付証券であるのに，米国自らは海外直接投資（FDI）株など高収益の在外資産の保有シェアが高い。そして米国の対外負債はドル建て，米国の対外資産は現地通貨建てのシェアが圧倒的に高いので，ドル相場が下落することによって現地通貨建ての受取りは増加する。2002年以降ドル相場が緩やかに下落することによって，ドル建ての利子などの支払いは変わらないのに，現地通貨建ての受取りは増加し，差引所得収支の黒字は270億ドル増えたと米経済分析局は推計している。

　いわゆる米ドルが下落することは経常収支赤字の是正には効果がなかったが，米国国際投資残高（資産側）と所得受取りの増加には効果があったのである[127]。米国は現在でも中国にかなりFDI投資を行っており，ドルの下落は，ドルに換算した人民元建ての対中直接投資の収益が大きくなることを意味している。

---

127) 田中素香「グローバル・インバランス―「世界不均衡」の性格の解明に向けて―」田中素香編『新国際金融テキスト１』有斐閣，2008年，第12章，所収。(p.375)

その一方で，今後ドル相場が大幅に下落すれば中国が保有しているドル準備は目減りが生じ，為替差損が発生し，持続的な為替市場介入は大きな負担がかかると考えられる。しかし中国が運用先を他に求めようとしても米国政府債市場ほどの厚みのあるものを選ぶ道は限られている。米国国債は世界で最も流動性があり奥深さのある市場である。これがとくに明らかになったのは世界の投資家が米国の金利をゼロにまでしても，これを買おうとしたことである。ユーロ市場も資本の逃避先候補であったかもしれない[128]。

そして2010年のギリシャの財政危機でユーロの信認度が揺らいでいることからユーロへの投資の理由は欠いている。そして日本円への投資は一つの選択肢になるかもしれないが，日本経済はまだ〔失われた十年〕という状況から脱却していない，決して良い投資先とはいえない。

また現在の状況において，中国は米国債以外の金融資産の投資を増やしていけば，米国債の保有額を減らして，米国債価格の下落を招きかねず，逆に中国の米ドル建て資産が目減りし，中国側に大きな損失を負わせざるをえない。また，米国経済の先行きが不透明な中で，米国債の購入が大幅に減少すると米国経済の回復に不利な影響を与え，世界経済の回復も遅れていくことになりかねない。

そして中国が米国債を買わないとすればそれは中国通貨人民元レートの上昇につながり，保有外貨準備の価値が減るばかりでなく輸出に打撃を与える懸念もある。中国の需要の水準は米国経済の健全性に依っているからである。ただ輸出主導経済一辺倒では外部的な要因で経済発展は失速しかねない。さらに中国がドルから離れるというだけで保有しているドル資産の価値は下がるという。こうしたジレンマに陥った中国の外貨準備の運用は困難になり続けている。

(2) 為替政策コストの高まりとバブルのリスク

さらに，外貨準備保有にはコストが大きくかかっており，外貨準備保有国において大きなコストを別のルートで生み出しているのである。あるいは外貨準

---

[128] *Wall Street Journal* 6.12.2010.

備保有高の増加は，活発な資本移動のもとでの対ドル・レートの安定を重視した為替相場制度と金融政策運営のコストが上昇していることを意味している一方で，金融政策の独立性の維持が難しくなっている。中央銀行のマネタリーベースは，主に中央銀行が流入した外貨を買い上げることを通じて投入され，銀行の流動性増加の原因になっている。マネタリーベース投入の増加を相殺するために，中央銀行は自ら債券を発行することで通貨の吸収を図っているが，償還や利払いの負担が重くのしかかっている。

　外貨準備資産を購入するためには中央銀行が新規の債券を発行するか，バランスシート上の他の資産を売却し，購入資金を手当てする必要がある。中央銀行はその通貨創出権限を使い，国内通貨の形で新規負債を発行することにより，無金利で外貨準備購入の資金手当をすることが可能であり，さらには造幣益を手にすることができる。しかし，この手法を濫用した場合には，インフレが台頭するリスクがある。一方，中央銀行債務の発行や国内政府証券を始めとする資産の売却により，外貨準備の購入を資金手当する方法は不胎化と呼ばれ，前述の方法とは反対にベース・マネーの伸びを抑制することになる。

　しかし，この場合，中央銀行は保有していた国債を放棄するか，自ら発行する証券に対して金利を支払うことになり，コストが発生する。加えて，特に国内金融市場が発達の初期段階にある場合には，国内市場で大量の国債を発行することが困難になる可能性もある。

　このように中国でも，人民元レートを一定の範囲内で安定させるため，ドル買い元売り介入を行っている(為替市場介入政策)。一方で元の売却はマネタリーベースを増加させ，当然過剰流動性も発生しかねない。過剰流動性を防ぐために，中国は不胎化政策を実行している。

　不胎化政策とは，一般的に通貨当局が公開市場操作で売りオペレーション(中央銀行が保有する国債などを銀行間市場で売却して市中の通貨の回収を図る操作) を行い，為替介入によって増加したマネーサプライを抑制する。売りオペの対象として用いられる資産は国債が多いが，中央銀行がみずから中央銀行債を発行して過剰な流動性を吸収することもある。中国では引き続く対米国経常収支黒字

拡大や急速に積み上げた準備高に対して国債市場の発展は非常に遅れており，国債商品は少なく，短期国債の発行規模が小さいため，2003年4月からは人民銀行は自ら手形の発行を始めた[129]。

2003年から公開市場操作を目的として導入された中央銀行手形の発行は急に拡大しており，2004年に中銀手形の発行額は1兆5,071億元であったが，2006年の新規発行額は3兆6,523億元に達し，2005年の2兆7,530億元から3割ほど増えている。2007年の新規発行額は3兆4,740億元となり，2008年は4兆2,240億元に昇った。中央銀行は過去数年間，大量の手形発行，商業銀行の準備預金率の引き上げなどの方法で，外貨準備激増によって供給したマネタリーベース増加を不胎化している（いわゆる不胎化政策）。しかし，こうした年々拡大している中銀手形の発行はいずれ，不可能になってくるわけである[130]。

そして中央銀行手形は現在，3ヵ月物，6ヵ月物，1年物，3年物が発行されている。当初発行された中銀手形の満期は3ヵ月が中心であったが，だんだん長期化し，一年ものが中心になった。2006年は約7割が1年物で占められた。中国では，2006年までは財務部発行の短期国債がほとんどなく，実際には，中央銀行手形が金融政策上の短期国債の役割を担っている。

長期金利が短期金利を上回っているため，人民銀行による資金調達コストがその分だけ高まっている。さらに，人民銀行の手形の発行利回りも高まりつつある。発行規模の拡大に伴い，金利も必然的に高まり，発行コストは高まる一方となる。2003年に中国で中央銀行手形が発行され始めて以来，すでに利払いの累計額は460億元にも達している。それにしても引き続き増加している外貨準備によるマネタリーベースの拡大は十分抑制されていないとみられている。ところがマネタリーベースの増加が充分に吸収されなければ，いずれバブルに襲われるわけである。

中国で急増する外貨準備は，国内に過剰流動性を招き，投資過熱やインフレのリスクとなっている。中央銀行である中国人民銀行は，自らが保有する国債

---

129) 白井さゆり「人民元をめぐる国際通貨問題」田中素香編『新国際金融テキスト1』有斐閣，2008年，第10章，所収（pp.307-309）。
130) 中国人民銀行『公開市場業務』「中央銀行票据発行公告」（2004〜2008年）。

の売却や売出手形の発行を通じ，過剰流動性を吸収しているが，吸収のペースにも限度が見え始めている（図表7-1）。

図表7-1　中国人民銀行による売出手形の発行状況

	1997	1998	1999	2000	2001	2002	2003	2004	2005	2006	2007
a	119	0	0	0	0	1,938	7,227	17,037	27,882	36,574	34,470
b	2,085	6,204	4,370	4,416	5,849	9,944	17,647	27,296	41,182	57,096	36,345
a/b	5.7%	0.0%	0.0%	0.0%	0.0%	19.5%	41.0%	62.4%	67.7%	64.1%	72.7%

注：中央銀行売出手形（a），債券発行額合計（b）。
出典：野村資本市場研究『中国証券市場大全』日本経済新聞出版社，2007年11月（p.348）。

そして，不胎化政策にいくつかの問題がある。第1には不胎化に利用される国内債券が供給過剰となれば債券価格低下ひいては金利上昇となり，さらなる資本流入を招く"罠"となる。第2には，介入にかかる債券（中国の中央銀行手形など）消化のため期間短期化が生じる。これは上述のとおり中国ですでに問題になっている。また，介入証券の大規模保有により商業銀行は安易に利益をあげることができるので，民間証券市場の発展を抑制するなど金融構造の問題ともなっている。かくして不胎化しても介入の継続的な増大は国内信用を緩和し，株や不動産への投機を生み出すことになりやすい。長期的には不胎化が限界にきてバブル崩壊やインフレをもたらす懸念がある[131]。

1971年のニクソンショックや1985年のプラザ合意後の日本が直面したのと同じく，過剰流動性とバブルのリスクに中国経済は背中合わせである。売りオペの対象となる人民銀行債は大量発行で2006年の残高が前年比78％も増加し，売り手がつかなくなりつつあるとも言われる。景気過熱防止のために金利引き上げを続ければ，米国との金利差縮小を招き，元高を促してしまうというジレンマもある。過剰流動性によるバブルの膨張と崩壊を招くならば，90年代の日本と比べて厳しさが大きいといえる[132]。

131) 田中素香「グローバル・インバランス─「世界不均衡」の性格の解明に向けて─」
田中素香編『新国際金融テキスト1』有斐閣，2008年，第12章，所収（p.368）。
132) 滝田洋一『日米通貨交渉─20年目の真実─』日本経済新聞社，2006年12月12日，1版1刷（p.399）。

特に，最近住宅など資産価格の上昇の背景に，経常収支の黒字（すなわちマクロベースの貯蓄過剰）による外貨準備が急増していることに伴う国内金融市場における過剰流動性の発生があることが充分に考えられる。効率的な資源配分機能の必要性はこれまでになく高まっているといえる。2009年1月から2010年11月にはM2が43％に増加し，M1が57％に増加している。これらの増加率はGDP成長率よりはるかに高いとみられている。CPIは5.1％までに上昇している。マネー・ベースの急増は貿易収支黒字及び資本収支黒字の急増により過剰流動性をもたらしたとみられている[133]。

このように過剰な外貨準備を蓄積すると，物価インフレを避けられず国民の経済厚生が大きく削られてしまう。それにより国内に従来から存在する経済格差は激しくなり，あらゆる社会問題の噴出の引き金になりかねない。

(3) カバーできない資本運用における内外収益差

前述のように外貨準備の過剰な蓄積は必然的に機会費用を伴う。一般的に外貨準備の保有にかかる機会費用は，国内資本の収益率から外貨準備運用による収益率を差し引いた額に等しい。ところで，単なる為替介入にかかる資金調達コストと米国債での運用収益との差を捉えている場合は中国の外貨準備の70％が米国債と政府機関債で運用されており，その収益率は4％ほどであったが，FDI対中国資本収益率は平均的に12％を達したと推測されている。このため，外貨準備による機会コストは8％にも上ることになる[134]。

そして世界銀行が行った中国120都市の1.24万社の外資系企業に対する調査によると，中国の外資系企業の平均収益率は22％を超えている（張明，2009）。明らかに米国債金利は中国など新興市場国の企業利潤や社会資本収益率よりはるかに低い。それは経営資源の配分においてきわめて非合理的である。こうした外貨準備保有の機会費用が高まる中，外貨準備をより積極的に運用し，

---

133) 中国経済日報・社論，2010.12.27。
134) 張 燕生，張 岸元 姚 淑梅「膨大な外貨準備をいかに運用するか」季刊『中国資本市場研究』2008 Spring（p.49）。

コストをカバーできるよう外貨準備の運用収益率を上げることも課題になっている。中国の外貨準備運用における通貨リスクと機会費用が高まっている中で，外貨準備が置かれている経営資源配置の合理性が問われている。

以上みてきたように，膨大な外貨準備を有する中国は外貨準備の運用においてリスクを軽減するのと利益を向上するのに，投資先が多様化しているが，いずれも困難に直面している。また中国の巨大な外貨準備の運用はドルの行方と国際金融市場の需給バランスとリンクしており，国際金融市場に大きな影響を与え兼ねない。とりわけ，中米二国間の経済関係に注目すると，中国は主に対米国の経常収支黒字及びFDI投資から得られた外貨を，米国債などの金融商品へ運用することで，米国の経常収支赤字を補っている。このように両国の経済・金融市場の相互依存が益々高まっている中で，中国の外貨準備の運用は国内経済状況と国際市場需要のバランスを取っていくしかない。

短期的に，リスクを軽減するためには，外貨準備の運用においてドル資産に集中しすぎた投資を調整して，ドル以外の通貨を増していくことや対外投資（実物投資を含む）を促進することに加え，資本規制緩和，民間対外投資の促進，ＳＷＦ活用などの手段を通じて外貨準備運用を効率化していくことが期待される。

長い目でみれば，中国は国内の根本的な産業構造問題や金融システムの問題が解決しなければならない。金融システムの改善を踏まえて，債券市場及び株式市場等成熟した金融市場を育成していくことが必要となっている。金融システムの改善により金融機関の投機的な攻撃に対する抵抗力も高まり，激変する国際金融市場の変化に応じることが期待される。

また，成熟した金融市場の育成により国内個人投資家の投資ルートを多様化させ，家庭貯蓄率が軽減される一方で，家庭の資本収入が増えることにより国内消費市場の拡大にもつながる。すなわち中国は高経済成長に相応しい成熟した金融市場を構築して，対外経済不均衡の拡大を抑制し，外貨準備の積み上げ幅も軽減することになると考えられる。

第8章　総括と展望

第1節　新興市場国外貨準備を巨大化する現代国際通貨体制

(1) 新興市場国外貨準備を巨大化する国際通貨体制

　グローバル化経済の下で現代国際分業体制が形成され，アジア域内は国際的な生産効率をより強化し，グローバル・インバランスを仕上げた。そしてグローバル・インバランスの拡大に伴う外貨流入に対して自国通貨上昇を防ぐために為替介入が行われている。中国が代表する東アジア諸国は大規模な為替介入を取ることによって，膨大な外貨準備を積み上げた。巨額な外貨準備は主にドル資産に運用され米国の巨額な債務と補完関係を形成して，ドルの基軸通貨の地位を維持する国際金融関係を築かせ，ドル価値の安定はますますグローバル・インバランスの下支えとなっている。

　このようなグローバル化世界経済・金融の構図の下で，2001年頃から米国の経常収支赤字の拡大（グローバル・インバランス）ドル暴落の懸念が強まっているが，ドルは暴落しなかった。2007年半ばになってもドル暴落は起きず，先進国・新興諸国の多くの国の経済は強く伸びていた。すなわち，世界経済の繁栄はグローバル・インバランスという不均衡の関係の上で達成されたものである。これは不均衡な均衡であり，米国-東アジア諸国の間の為替相場は相対的に安定し，ブレトン・ウッズ固定相場制の復活とみられ，ブレトン・ウッズⅡと呼ばれるようになった[135]。

---

[135] 鳥谷一生「Bretton Woods Ⅱ システムと現代アメリカ国際収支赤字のSustainability論争について―世界の銀行家からベンチャー・キャピタリストに転じた「米ドル本位制」の脆弱性―」大分大学経済論集第59巻第6号 (2008.3) (p.27)。

そして新興市場諸国では為替介入と外貨準備政策においては，リスク/リターンということが無視されている。新興市場諸国が輸出主導経済戦略により経済発展を果たし，巨額の対米貿易黒字を計上する周辺諸国として，世界経済の中で役割を担うようになったからである。

ただし，世界経済の重要な役目を演じている新興市場諸国は対米国の巨額の貿易収支赤字を計上する米国との間において，変動相場制と自由な国際的金融資本取引の原則に基づいた国際収支調整策を実施していない。例えば，中国は事実上の対米ドル固定為替相場制を維持しており，中国人民銀行の為替介入と外貨準備増加による公的対米国経常収支赤字のファイナンスを行っている。このような現代の国際通貨金融システムはブレトン・ウッズ体制に良く似ている。このため，新ブレトン・ウッズ体制（ブレトン・ウッズⅡ）と呼ばれている。米国の経常赤字とブレトン・ウッズⅡは持続できるかどうかについて大きな議論を呼んでいる。

(2) 現代国際通貨体制と米国経常収支赤字のファイナンス

1944年の7月に米国のブレトン・ウッズにおける新たな国際通貨制度として構築されたブレトン・ウッズ体制は，金とドル本位の固定相場制に基づき，各国は1オンス=35ドルで金とリンクしたドルを基準とする自国通貨の為替相場をおさめるシステムであった。このシステムは金にペッグするドルを計算基準とし，各国通貨とドルを公的レートに固定した。このように第2次世界大戦後の国際通貨制度として再編されたブレトン・ウッズ体制もドルを金為替とする金・ドル為替本位制の性格を有していた。この体制の中心にあったのが，金と米国のドルであった。各国は貿易で獲得したドルを米国に提示すると，一定のレートで金と交換してもらうことができた。

ブレトン・ウッズ固定相場制の下で共通ルールによって運営された戦後の国際通貨システムは1971年8月に崩壊し，1973年に変動相場制（フロート制）に移行した。ブレトン・ウッズ体制が始まってから，国際通貨システムの非対称性は徐々に形成されてきた。その後の変動相場制の下でも，ドルは世界規模

で基軸通貨として機能し続けている。いわゆるドルは「主権通貨」としての地位は変わらなかった。

戦後強い軍事力と経済力を背景に米国の通貨ドルは基軸通貨として多数の通貨の為替標準の役割を果たす通貨（アンカー通貨）になっている。基軸通貨になれるのは，ある程度多数の周辺国が民間レベルで貿易契約や国際決済に使用する中心国の通貨であって，その中心国と周辺国は密接な国際取引関係を持っている。その場合，周辺国政府は経済安定のために中心国通貨を為替標準にし，つまり為替相場運営の基軸通貨とすることが多い。通貨当局はその特定通貨との為替相場を安定させるために，中心国通貨を介入通貨として使用し，したがって準備通貨として保有する。

IMF協定によってドルは世界の基軸通貨（key currency）となった。世界諸通貨は対ドル平価を定め，ドルを為替標準としたからである。ドルは世界規模で契約・決済通貨となり，政府レベルでは準備通貨・介入通貨として使用された。基軸通貨ドルは世界の諸通貨と直接取引される際にそれらの諸通貨の為替相場を表示する機能を持っているので，周辺国通貨相互の為替相場の計算を可能にする。変動相場制移行後もドル以外にそのような基軸通貨としての機能を担う通貨は存在せず，市場の要求に応じてその役割を果たし続けた。

国際通貨基金（IMF）による，先進国通貨の多くはフロート制か，あるいはEUのように共通通貨の選択へと至った。また，現在49ヵ国がドルにペッグしており，そのすべてが新興市場・発展途上諸国である[136]。この故に，米国が現代国際通貨システムの中核に，その他の諸国はシステムの周辺に配置された。このような通貨体制の下で，米国の経常収支赤字は長く続けられ，赤字のファイナンスが問題に至らなかった。

米国の国際収支赤字の資金調達の仕組みをみると，米国の経常収支赤字額は2003年からGDPの約6％になっている。経常収支赤字を埋める資金調達の源泉としては，第一に，米国の企業が海外に投資している以上に，海外の企

---

[136] 田中素香「グローバリゼーションと現代国際金融」田中素香編『新国際金融テキスト1』有斐閣，2008年，第1章，所収 (p.3).

業が米国の新工場に投資したり米国の企業を買収したりしていることである。しかし，この純直接投資は2003年から純流出になっている（外国企業が米国に投資している以上に米国企業が海外に投資していることを意味している）。第二に，海外の個人又は金融機関が米国の政府，その他の債券，ないし米国の会社の株を買い，又は単に米国の銀行に貯金する場合である。第三に，外国政府が米国の短・長期国債の形で外国為替準備を積み上げる場合である。特に新興市場諸国の政府が外国為替市場にドル買い介入し，ドルに対して自国通貨が上昇，ひいては輸出競争力が弱くなるのを防ぐため莫大なドル買いを行うようになった。新興市場諸国は無制限のドル介入でドルの相場を支え，増加した外貨で米財務省証券を買う[137]。したがって，米国の経常収支赤字は主に米国の赤字相手国としての新興市場国の外貨準備で補っている。

(3) 現代国際通貨体制と金融危機リスクのグローバル化

新ブレトン・ウッズ体制いわゆるドル本位制の下でも，米国は経済・金融の実力で国際通貨システムで主導的な地位を覇権し続けた。同時に米国の経済構造は脱工業化を始め，低付加価値の製造業から高付加価値のサービス産業へと転換し，生産分野から金融分野へと拡張し始めた。すなわち経済構造の調整によって金融サービス業の革新と発展を実現させ，発達した金融市場と金融システムを形成させたのである。発達した金融市場と金融システムは米国金融経済の発展を促進させ，ドルの国際準備通貨の地位と米国の「金融大国」の地位をさらに高めたのである[138]。さらに米国は「金融立国」戦略の下で金融商品の開発もはやく，世界に豊富な金融商品を提供し，金融資産取引拡大によって巨大な利益を獲得している。

それに対して中国などの大規模なアジア新興市場国は，輸出主導の成長戦略

---

[137] アンドルー・グリン，横川信治＋伊藤誠『狂奔する資本主義―格差社会から新たな福祉社会へ―』ダイヤモンド社，2007年9月28日，第1刷発行 (p.106)．
[138] 項衛星・劉星「ドル本位制と東アジア域内金融協力」『国際金融』1203号 (2009.8.1) (p.16)．

をとるしかないと G.R. モリスは言う。内需主導の経済成長を達成するために必要な銀行・信用システムの基盤が確立されていないからである。農業国から工業国に転換する現代化への長い過渡期には，製造業の賃金を低く抑えて，インフレ率の上昇を抑えるとともに，大都市への人口集中を抑制する必要がある。やがて輸出による利益が蓄積して現代的な銀行システムの確立に必要な資本基盤ができるまでの間は，ドル資産への投資を行わざるを得ないのである。この故に米国とドルがその中心に位置するとされている[139]。これはFRB議長ベン・バーナンキらが主張した理論である[140]。

このような米ドルを国際基軸通貨とした現代国際通貨体制，すなわちドル本位制の下でも，「中心―周辺」の国際通貨体制の構造は変わらなかった。米国の発達した金融市場は資金運用効率の向上とあらゆる分野で対外投資の収益によって米国の低貯蓄率と高消費率を実現し，外国からの商品及びサービスの輸入に依存するようになった。これと対照的に，中国など新興市場諸国では，国内経済資源が自国輸出部門により多く配置された故に，国内の非製造部門と製造業部門の生産効率格差が拡大し続け，同時に商品貿易自由化の急速な発展と金融の発展水準の停滞という矛盾が激化しつつある[141]。

しかし，現代の通貨体制「ドル本位制」は昔の金・ドル本位制と異なり，ドルは金価値の支えと通貨・財政規律で制約されないので，無制限の信用を作り出すことができる。2004年，エコノミスト誌が懸念を表明し，「世界金融システムは……巨大な紙幣印刷機になった。米国の金融緩和政策であふれた資金が，国境を越えて流れ出しているからだ。……世界的な流動性の噴出は，インフレ率の上昇をもたらしてはいない。世界各地で株式や住宅に投じられ，資産価格のバブルを次々に引き起こしている」と論じた[142]。

---

139) チャールズ・R・モリス（山岡洋一訳）『なぜ，アメリカ経済は崩壊に向かうのか―信用バブルという怪物―』日本経済新聞社，2008年8月6日，2刷 (p.134)。
140) B.S.Bernanke, "The Global Savings Glut and the U.S.Current Account Deficit," *Federal Reserve*, March 10, 2005.
141) 項衛星・劉星「ドル本位制と東アジア域内金融協力」『国際金融』1203号, 2009.8.1) (p.17)。
142) チャールズ・R・モリス（山岡洋一訳）『なぜ，アメリカ経済は崩壊に向かうのか―信用バブルという怪物―』日本経済新聞社，2008年8月6日，2刷 (p.99)。

このように，ドル本位制は国際資本の流動性を拡大させ，各国金融市場の不安定性を高め，金融危機は容易に全世界中で伝染し，グローバルな金融・経済混乱をもたらしかねない。それを証明したのは2008年の米国から発した金融危機が直ちに世界に広がっていったことである。国際資本の大規模な流入によって新興市場諸国国内の資産価格のバブルをもたらし，その後の流出によって資産価格バブルの崩壊を誘発させる。そしてグローバル化の金融・経済関係で世界的な経済混乱を及ぼすことになる。

フレッド・バーグステン（ピーターソン国際経済研究所長）は「今回の金融危機から脱却するための努力を行うとともに，米国が経常収支赤字，財政赤字の削減と予算均衡のための新たな政策を打ち出し，ドル以外の通貨を基軸通貨とすることを受け入れない限り，米国と世界は再び，今回の金融危機の状況と同じく，米国の巨額の財政赤字をファイナンスすることになれば，金融危機が再発するリスクがある」と指摘された[143]。

第2節　世界金融危機の最中に浮上した人民元・ドル問題

(1) 人民元改革の歴史的な歩み

中国では市場経済に移行してから経済成長を実現するためにあらゆる面から改革を行ってきたが，金融市場の整備や金融政策の改革は停滞している。90年代半ばから市場経済の規模が拡大していることにつれ，金融政策の改革を実施した。中国人民銀行の金融政策目標は1995年に「中国人民銀行法」の中で，「通貨価値の安定を維持し，経済成長を促進する」ことが経済政策の目標として設けられている。「通貨の安定」ということに人民元価値の安定（あるいは人民元レートの安定）と物価の安定が含まれていると解釈されている。人民銀行は，各種金融政策手段を通して為替レートの安定やマネタリー・ベース（操作目標）と通貨供給量（中間目標）を調節し，物価の安定と経済成長・雇用増加の促進という最終目標を目指す枠組みへの移行を始めた。為替政策は，こうした金融

---

143) 『通商白書』平成22年版，産業経済省，2010（平成22）年6月（p.38）。

政策の目標との整合性を重視して運営されている。

　為替政策の運営においては，1979年3月に中国国家為替管理局が成立し，全面的に人民元レートと外貨取引の管理を行っている。1978年の改革・開放政策が実施されると自主貿易が拡大したが，当時の割高公定レートでは，中国の輸出企業の採算に合致しなかった。このため，1981年には，輸出振興を図るため，人民銀行が定める公定レート（同時に1ドル＝1.5元）に比べて大幅に元安の内部決算レート（1ドル＝2.8元）が導入された[144]。

　だたし，その後国内物価の上昇，国際経常収支赤字が続く中で，公定レートは数年間で内部決算レートとほぼ同じ水準まで下落したため，1984年末には内部決算レートは廃止されることとなった。1986年には，企業間で外貨を売買するための外貨調整センターが主要な都市に設立された。そして，1986年以降は，内部決算レートと公定レートの「二重相場制」に代わって，外貨調整センター・レートと公定レートの「二重相場制」が実施されることとなった。

　しかし，1993年まで公定レートは（5.8元／ドル）であったのに対して，同年の外貨調整センター・レートは（8.7元／ドル）であった[145]。公定レートは外貨調整センター・レートと比べて約5割の元高水準になっていたため，為替取引においてブラック・マーケットが生じており，為替取引を混乱させている。

　1994年1月に人民銀行は「外国為替管理体制の更なる改革に関する公告」を公布し，本格的に為替制度の改革や為替相場の水準についての調整を行っていた。具体的に93年の公定レートは市場レートと一本化・固定化を果たし，実質的に公定レートを33％まで大幅に切り下げした。同年，人民銀行の傘下に外貨取引センターが設立され，インターバンク（銀行間）の為替取引はすべて同センターに集中されるようになった。当局の厳格な管理が依然として残っていたが，為替レートを一本化し，外貨使用制度の採用，インターバンク外貨取引市場の創設などの為替管理のシステム化を図る政策が打ち出された。為替

---

144) 内部決算レートは輸出商品の仕入れ価格を米ドルに換算した平均輸出コストに一定のマージン（10％）を上乗せして定める。
145) 深尾光洋『中国経済のマクロ分析』日本経済新聞社，2006年8月22日，1版1刷 (p.91)。

レートの水準に関してはいずれにしても固定され，為替相場をアンカー（ドル・ペッグ制）としての為替政策運営を実施している。

こうした94年からスタートした為替政策の改革と人民元レートの大幅な切り下げは中国の輸出産業に大きな影響を与えた。輸出が急増しているに伴い，外貨準備はゼロ上下の局面を抜け出した。

1997年7月のアジア危機により，人民元レートを大幅に切り下げしないと中国の経済が崩壊に至ると懸念されていた。アジア諸国の競争的な切り下げによって人民元レートへの圧力は強まっていた。しかし，中国政府は人民元レートを切り下げしないと宣言した。さらに，アジア危機に対処するために一時的にドル・ペッグ制を措置し，おおむね1ドル8.27元に固定する実質的なドル・ペッグ制になっていた。このため，国際上で人民元への信頼度が高まってきた。人民元レートの安定を背景に，対中国のFDI投資は飛躍的に増加している。

人民元為替制度及び為替相場の改革に関しては1997年のアジア危機によって中止され，実質的にドル・ペッグ制は7年ぶり維持していた。2002年以降，中国の貿易黒字は急増しており，世界から人民元の切り上げを求める声が強まってきた。また，大幅な経常収支黒字により人民元レートを過小評価しているとの批判もあり，国内外で人民元切り上げの圧力がかかっている。経常収支不均衡拡大を背景に中国の為替制度と為替レート水準の問題をめぐって世界的に注目され，実際のドル・ペッグ制度と為替相場の水準について新たな調整を行った。

2005年7月21日に，人民銀行は，市場需給に照らして，通貨バスケット（BBCとは"為替バンド"(Band)と"通貨バスケット制(Basket)"と"クローリング・バスケット制"(Crawling)を併用させる制度で，ウィリアムソン（John Willamson 2003）によって提案された。）を参考とする管理変動相場制の実施と人民元の2％切り上げ（1ドル=8.2765元から8.11へと切り上げ）を宣言した[146]。その後，中国政府は人

---

146) Willamson, John, 'The Renminbi Exchange Rateand the Global Monetary System', outline of a lecture delivered at the Central University of Finance and Economics benjing, China, October 29, 2003.

民元レートを徐々に切り上げ，為替政策に関して，独立性，制御可能性，漸進性の3原則を掲げている。

2005年7月に実施された「管理変動相場制」について，中国人民銀行の貨幣政策委員会委員（当時）である余永定氏は，国際金融の教科書にも登場するBBC（変動幅 [Band]，通貨バスケット [Basket]，クローリング [Crawling，ある方向性を持って為替レートを微調整していくこと]）方式に当たると解説した（「人民元為替制度改革という歴史的決定」『金融時報』，2005年7月23日）。毎日の変動幅は，当初，当局が発表する基準レートの±0.3%に制限されたが，その後，±0.5%に拡大された[147]。ただし，通貨バスケットについては，構成通貨のウェイトが発表されていなかったが，人民元の主要通貨との連動性から判断して，ドルがウェイトの大半を占めていたとみられる。

2008年のリーマン・ショック直後10月に，中国の輸出入額の増加は大幅な下方修正に転化した。輸出成長に依存している中国経済は厳しい冬を迎えた。同月の工業生産の伸びは前年同月比で8.2%と一年前より10ポイント近く下がった。また，中国統計局の発表による10月のCPI（消費者物価指数）は前年より4.0%に下方修正した。特にPPI（生産者物価指数）は前年に比べて僅か2%の増加であり，増加幅は低下した。当局は中国経済の後退とデフレの懸念が強まっていることを背景に，4兆円の大型の財政出動政策を加え，人民元の対ドル・レートの切り上げが中止され，事実上再びドル・ペッグ制に復帰したとみられている（図表8-1）。

2005年7月の第2回目の為替管理改革の実施から2008年の金融危機まで，人民元レートが累計して16%切り上げられた。人民元の切り上げにかかわらず，対外経常収支黒字はさらに拡大している。

2010年4月14日に米国の大統領オバマは「中国の人民元が過小評価されていることは明らかだ」と述べた。中国の大規模な景気刺激策により世界経済が世界金融危機から抜け出し，世界経済が回復していることに伴い，人民元

---

147) 余永定「人民元為替制度改革の歴史の一歩」『国際金融』1164号（2006（平成18）5.1）(p.10)。

図表 8-1　2005 年 7 月 21 日～ 2009 年 5 月 22 日の
人民元レート対米ドルの中間値の推移

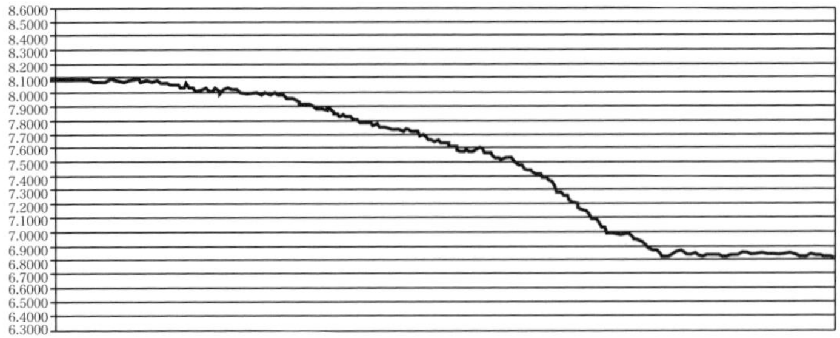

2005 年 7 月 21 日～ 2009 年 5 月 22 日

出典：中国人民銀行ホーム・ページ。

レートの切り上げへの圧力は特に米国から再燃されており，切り上げの圧力は高まっている。

　2010 年の 6 月に中国人民銀行は国内経済情勢と国際圧力を考慮し，人民元の柔軟性を高める改革を行ってきた。その一環として，中国人民銀行（中央銀行）は 2010 年 6 月 19 日に，人民元レートの弾力性を一段と高めると表明し，2008 年 9 月のリーマン・ショック以来続いた事実上のドル・ペッグ制を解除した。これにより，中国は，2005 年 7 月に行われた「人民元改革」で導入され，約 3 年間にわたって実施された「管理変動相場制」に復帰した。

　2010 年 6 月に再開された人民元改革においても，BBC 通貨バスケット制が継続している。まず，毎日の変動幅制限はこれまで通り基準レートの ±0.5% と変わらないが，実際の変動幅は従来と比べて大きくなった。これは，実質上ドル・ペッグ下にあった 2008 年 9 月からの約 2 年間はもとより，管理変動相場制が実施された 2005 年 7 月からの約 3 年間（0.09%）をも上回っている[148]。

　実際に中国の市場改革・開放以来，人民元対米ドルのレートは 21％程切り上げられたが，米国の経常収支赤字が解消せず，さらに拡大している傾向であ

148）　范小晨「人民元為替制度改革の再開とその経済影響」『資本市場』2010. 8(No.300)月刊（pp.42-43）。

る。かつて80年代のプラザ合意以降,日本円レートは大幅に切り上げられたが,米国の経常収支赤字額は一時的に縮小したもののその後,再び増加した。円高により日本企業は中国などへの移転を加速させ,代わって米国の貿易赤字の相手国になったのは中国である。このように米国から高まっている人民元切り上げの圧力が決して米国の経常収支赤字を改善させるとはいえないといえる。

しかし,今後中国が巨額な外貨準備運用のリスク分散と効率化を背景に対外投資を促進させ資本規制緩和へ進んでいくのが必要となっている。このため,自国の独立の金融政策を保持するために現行為替制度(固定相場制度)の本格的な改革を進めることに迫られている。したがって,中国は現行の為替制度(ドル・ペッグ制)を見直すべきである。すなわち,人民元相場の柔軟性を徐々に高め,現在の状況においてはドル・ペッグ制から管理変動相場制あるいは「通貨バスケット」へ移行することが期待される。通貨バスケット制の下では,中央銀行の為替市場に対する介入の必要性が比較的少ないとみられており,外貨準備運用のコストが削減することが期待される。

(2) 金融市場改革と結び付けた人民元改革の課題

世界最大の外貨準備を有する中国は通貨リスク管理体制の強化や中国経済地位の上昇に合わせるように,人民元国際化を図っている。人民元の国際化の第一歩は通貨スワップを拡大していくことである。中国はインドネシア,香港,韓国,マレーシア,ベラルーシ,そしてアルゼンチンとそれぞれ二国間の「通貨スワップ」協定を結んだ。この仕組みは,例えばアルゼンチンの中央銀行はアルゼンチン国内の輸入業者に人民元を売り,中国からの輸入決済とさせる。そうやって人民元が外国に拡大蓄積される。具体的な通貨スワップの契約の中味は不透明だが,要するに当該国は中国からの輸入に対して人民元決済するが,その金は他国通貨とは交換できない。人民元の信用枠の拡大という,いずれの日にか実現するであろう人民元国際化の第一歩が始まっている。

そして中国国務院は2009年の4月8日に常務会議を開催し,上海市と広東省の広州市,深圳市,珠海市,東莞市の5市で,対外貿易での人民元建て決

済を試験的にスタートすることを決定した。これにより，これまで国境地域での貿易に限定されていた人民元建て決済が，一般の対外貿易にまで拡大されたことになる。この会議によると，国際金融危機に直面した現在の情勢下で対外貿易での人民元建て決済を実施することは，中国と周辺国・地域との経済貿易関係の発展を推進し，為替レートのリスクを避け，貿易環境を改善し，対外貿易の安定した成長を維持する上で，重要な意義があることであるという。

人民元国際化が国際決済業務に使用されるようになると，輸出入企業による人民元建ての価格計算や決済，中国国内居住者から中国国外居住者への人民元での支払いなどが認められることになる。また国外居住者が人民元建て預金通帳を持ち，国際決済を行うことも認められるようになる。人民元の完全自由両替の実現や段階的国際化に向けた重要なプロセスとして，対外貿易での人民元建て決済テスト事業は注目を集めている。しかし，人民元の国際化は資本移動の自由化と為替政策の改革と厳密に関連しているので，次のような課題に直面するであろう。

第一に，これまで実施した資本規制を撤廃し，資本移動の自由化を認めるようにすれば，中国の場合，国際トリレンマ（Impossible Trinity）の命題における為替相場の安定性と独立した金融政策の間の一つしか選択できないことに直面しなければならない。国際トリレンマとは，為替レートの安定化，国際資本移動の自由化，独立した金融政策の実施という3つの目標を同時に実現することが困難な状態を指している。仮に国は経済景気を考慮して金融政策を行う独立した金融政策と同時に，固定相場制も採用しているとする。国際資本の移動が制限されているならば，独立した金融政策を確保できる。

ところが，国際資本移動の自由化を認めているのであれば，自国の金利の引下（上）げは，資本流出（入）を促すので，固定相場制の下で中央銀行の外貨準備が減少（増加），同時にリザーブ・マネーも減少（増加）する。この結果，中国のマネーサプライが減って（増えて），国内金利が引上（下）げられ，最初の状態に戻ってしまう。このように独立した金融政策と固定相場制を採用しながら，国際資本移動の自由化を同時に実現することは困難である

とみられる[149]。資本自由化は人民元国際化の絶対的な条件になっているので，中国は資本自由化しなければならない。国際資本移動の自由化を進めていく時期が到来すると，中国政府は独自の金融政策の維持と固定相場制の維持との間で二者択一に直面しなければならない。

第二，国際資本流入を招き，通貨危機の懸念が排除できない。現在において米国の金利はゼロ金利に近づいている。2008年に米連邦準備理事会（FRB）は連邦公開委員会で，FFレート（Federal funds rate）誘導目標水準を引き下げ，実質的にゼロ金利政策に近づいている。それで，米国と中国の金利は逆に転換した。中国の金利が米国より高い水準で維持している。こうした米国のゼロ金利政策の中で，中国は資本自由化を認めた上で，国際資本は中国に流入する可能性は十分に考えられる。当然，為替相場の安定性を維持するために，人民銀行は外貨流入増加に伴う市中流動性の急増を抑制するために，買いオペや中央銀行手形の発行によるマネタリベース吸収を実施する。しかし，人民銀行の為替介入により放出された過剰流動性が70％しか吸収されてないとみられている[150]。

上述のとおり，中国では不胎化政策が限界に近づいているため，金融引き締め政策をとるべきである。金融引き締め政策によって国内金利を上昇させる。国内金利の上昇は，更なるホットマネーの流入，ひいては介入と不胎化の規模の拡大という悪循環を招きかねない。そして現行為替制度（固定相場制）を調整しない限り，脆弱な国内金融制度のゆえに，通貨危機に至る可能性も排除できない。

以上みてきたように，人民元の為替制度の改革と資本市場の開放は人民元国際化の絶対的な条件になっているので，短期的には，早速な人民元国際化では中国の金融政策がジレンマに陥ることになりかねない。したがって，中国は現代的な金融体制が構築されない限り人民元の国際化は道遠いといえる。

---

149) 白井さゆり「人民元をめぐる国際通貨問題」田中素香編『新国際金融テキスト 1』有斐閣，2008年，第10章，所収（p.311）。
150) Mckinnon, Ronald and Schnabl China's financial conundrum and global imbalances BIS Working Pap.No.277;（pp.9-10）.

人民元を国際化する過程で，中国においても資本自由化は不可欠である。今後，資本自由化等の対外開放と金利自由化が進み，直接金融による企業の資金調達手段が増加するにつれ，銀行の役割や利益の低下といった現象が生じかねない。国有銀行経営の能力の向上も，本格的な資本自由化へ向けて重要な前提となる。このように，資本自由化を進めるには，資本市場整備や金融システムを含む改革を同時に進めなければならないとみられている[151]。

温家宝首相は 2007 年 1 月の金融工作会議で中国の金融システムの不備に関連し，「金融のコントロール機能を全面的に発揮させ，通貨・信用総量を合理的にコントロールし，経済の安定的発展を図る」としたうえで，人民元相場形成メカニズムの確立，外貨準備の運用管理強化とともに金利の市場化を着実に進めると言明した。つまり，持続的な経済発展を図るために金融システムの健全化と為替政策などの金融市場の改革は当面政府の重要な任務になっている。

(3) 米国経常収支赤字の焦点に当たる人民元・ドル問題

米国の産業構造に注目すると，米国の製造業の GDP 比率は 1960 年の 27.0% から 2002 年には 13.9% と低下しており，同期間でサービス生産部門の比重は 48.8% から 67.1% に増大し，2007 年に 80% に達した。こうした産業構造の変化からみると，製造業は米国経済の中でその地位を低下させているといえる。米国産業構造の中で製造業シェアの低下と共に製造業のサービス産業化の進展が進んでいる一方で，海外での委託生産活動が強化されている[152]。

特に米国の脱工業化の産業調整によって米国の付加価値生産に占める製造業シェアは 2007 年に 12% にまで低下し，比較優位部門のはずの IT 部門でさえアウトソーシング，オフショアリングの結果として輸入超過になっている。いわゆる製造業において低付加価値の部分を国外に出して安価な労働力を利用して，途上国に雇用と成長を提供し，その代わりに安価な商品の輸入でインフレ

---

151) 神宮健「人民元国際化と中国の金融債券市場の整備」『資本市場クォータリー』2010 Winter。
152) アンドルー・グリン著，横川信治・伊藤誠訳『狂奔する資本主義―格差社会から新たな福祉社会へ―』ダイヤモンド社，2007 年 9 月 28 日，第 1 刷発行 (p.241)。

を抑え，付加価値の高いサービス部門が世界から高利潤を稼ぐ。

つまり脱工業化の経済戦略によって製造業を国外に出してしまった米国は，ドル相場が下落しても，米国貿易収支赤字は均衡へと復帰しない産業構造を持つに至っている。実際にも2002年以降のドル相場の20%ほどの下落は米経常収支の改善にはまったく効果がなかった。したがって，ドルの名目為替相場の減価は，輸出競争力の増大をもたらすというよりも，輸入価格の上昇，米国の相対的に大きなコスト・インフレをもたらすことにとどまっていた。

2008年世界金融危機以降米国経済の行き先は不透明やドル安を背景に各国は「通貨安競争」の状況に直面している。その内，人民元為替レートの水準が注目されている。中国の台頭に伴う長い間に存在する中米間貿易摩擦の焦点に当たる人民元レートへの切上げの圧力が再燃している。人民元レートの水準及び人民元為替制度をめぐる中米間の対立は激しくなっている。

グローバル・インバランスを軸とした中米経済・金融関係においては人民元レートの急速な変動は米国を含む世界経済の混乱に波及しかねない。とりわけ米企業が大規模に中国に進出している状況では，人民元の大幅な変動によって中国経済が混乱すれば，それは米国をも激しく撃つ，同じく米国経済が衰退すれば米国の消費に依存している中国に悪影響を与えるはずである。また，中国は巨額のドルを積み上げているが，その大部分は米国債に投資されており，ドルの基軸通貨の地位を維持するのに大きく貢献している。ところが，人民元が劇的に上昇すれば，中国の中央銀行はドルを売らざるを得なくなるであろう。そうなれば，ドルが大幅に下落しかねないと中国当局は「核オプション」の中米間金融関係を明確に指摘した[153]。

このように安い元に依存しているのは中国だけではなく，地政学的・経済学的に米国は「元依存症」にかかってしまった。そして同じように世界の多くの国々にも，事実上の固定相場制を取っている元に次々と依存するようになって

---

153) チャールズ・R・モリス著，山岡洋一訳『なぜ，アメリカ経済は崩壊に向かうのか―信用バブルという怪物―』日本経済新聞社，2008年8月6日，2刷 (p.141)。

いた[154]。

　中国がモノを作り，米国がそれを買う。中国が貯蓄を行い，米国がそれを投資と消費にする。過去の20年，1995年から2005年の間に米国の貯蓄率は5パーセントからゼロパーセントに低下し，一方で中国の貯蓄率は35パーセントから45パーセントに上昇した。中国の安価な労働力が米国のインフレを低下させた。人民元対米ドルの切り上げを防ぐのを背景に，中国の貯蓄が米国に流入し米ドル価値を支え，貸出金利の低下をもたらした[155]。

　すなわち，人民元対米ドル安の下で，世界のインフレーションを抑え，貸出金利が低下する世界の消費・投資の環境が活発化しているというサイクルであった。世界の長期低金利を背景に先進国は低金利の資金を調達し高収益を手に入れる対中国のFDI投資を行っている。OECD（Economy Survey China 2005）の計算では，2003年度の中国企業の資本利益率は民間部門で15％であり，これに対して，同年の米国とドイツの非金融部門の利潤は9％であり，日本では7％である[156]。

　ただ世界の経済面からみても，中国はアジア域内経済の牽引車として役割を果たしている。日本経済にとって特に重要である。日本の中国に対する輸出は過去10年間毎年16％ずつ増大し，中国は日本の輸出の13％を占め，日本にとって中国はかつての米国に代わって第一位の市場になっている。そして東アジア経済は中国経済に依存し，人民元レートが米ドルをアンカーとした通貨制度の下で，東アジア諸国は中国対米国の貿易を通して輸出型の経済成長を図っていた。そして中国経済発展によりエネルギーなどの需要が拡大しエネルギー輸入大国になっている。このため，中東産油国・ロシアや豪州などエネルギー輸出諸国も巻き込まれ，経済成長が伸びていた。このように東アジアの経済は「ドル本位制」に依存している。

154）テッド・C・フィッシュマン著，仙名紀訳『中国がアメリカを超える日』ランダムハウス講談社，2006年9月21日，第1刷 (p.406)。
155）The New York Times　July 2.2009 'Chinese Fireworks Display'.
156）アンドルー・グリン著，横川信治・伊藤誠訳『狂奔する資本主義―格差社会から新たな福祉社会へ―』ダイヤモンド社，2007年9月28日，第1刷 (p.242)。

中国の経済状況からみても，中国の輸出の半分は加工貿易であり，輸入部品が中国の工場に集められ，60％は外国の会社や合弁企業から生産されている。温家宝首相は「もし中国との貿易を制限すれば，損するのは制限を加えた国の産業である」と指摘した。すなわち安定した人民元に依存しているのは中国経済だけではなく，中国の輸出産業にかかわっている米国を含む多くの国であるという。

　このように中国の貿易現状をみれば，人民元切り上げしても，米国の経常収支赤字は変わらない。実際に人民元は累積して20％以上切り上げしたが，中米間貿易不均衡はさらに拡大している状況を辿り続けている。しかし，上述のとおり為替相場の安定を維持するために中国政府は高コストで為替介入を行い，それによって蓄積した外貨準備を低金利の米国債に運用して米ドル価値を支えるという現行為替制度の問題が世界中で議論を呼んでいる。

参考文献一覧

英語

(1) United States, Office of the President, 2007. *Economic Report of the President*, Washignton, DC. Available from http:/www.gpoaccess.gov/eop/index.html.
(2) United States Trade Representative(USTR), 2007a. WTO case Challenging Chinese Subsidies, 2 February. Available from http://www.ustr.gov/assets/Document-Library/Fact-sheets/2007/asset-upload-file143-10465.
(3) United States Trade Representative(USTR), 2007b. WTO case Challenging market Access Restrictions in china on Products of Copyright-Intensive Industries, 9 April. Available from http://www.ustr.gov /assets/Document-Library/Fact-sheets/2007/asset-upload-file971-11063.
(4) Racbel McCullocb, Chad P. Bown U.S.-Japan and U.S.-China Trade Conflict, Export Growth, Reciprocity, and the International Trading System WPS5102 ; pp.24-25. 2009.
(5) Frederic S. Mishkin, "International Exchange With Different Monetary Policy Regimes", Conference on Monetary Policy Rules Stockholm 12-13 june 1998.
(6) Kaminski, B.and Smarzynska, B.K., Foreign direct investment and integration into global production and distribution network :the case of Poland, World Bank Policy Research Working Paper, No.2006, 2001.
(7) Mckinnon, Ronald and Schnabl China's financial conundrum and global imbalances BIS Working Pap.No.277; pp.5-6, pp.9-10, 2009.
(8) Mckinnon, Ronald China's New Exchange Rate Policy: Will China Follow Japan into a Liquidity Trap Rev. 8, October 2005.
(9) McKinnon, Ronald, and Gunther Schnabl, The East Asian Dollar Standard, Fear of Floating, and Original Sin, *Review of Development Economics*, 8, 331-60, 2004.
(10) McKinnon, Ronald, *Money and capital in Economic developemt*, Washton, D. C. Brookings institution,1973.
(11) Alicia Garcia-Herrero and Tuuli Koivu China's exchange rate policy and Asian trade BIS Working Pap. No.282, pp.16-17.
(12) Dooley, M., Folkerts-Landau, D.and P. Garber, International Financial Stability:Asia,Interest Rates and the Dollar, *Global Markets Research*, Deutsche Bank, 2005.

(13) Aizenman, J. and Marion, N., International Reserve Holdings with Sovereign Risk and Costly Tax collection, *Economic Joural*, 114(497), pp.569-591, 2004.

(14) European Central Bank, An International Relations Committee Task Force, The Accumulation of Foreign Reserves, Occasional Paper Series No.43/FEBRUARY 2006.

(15) Shaw Edward S., *Financial deepening in Economic Development*, New York: Oxford University press, 1973.

(16) Williamson, J., Exchange Rate Regimes for Emerging Markets Reviving the intermediate for International Economics, 2000.

(17) Williamson, John, 'The Renminbi Exchange Rateand the Global Monetary System',outline of a lecture delivered at the Central University of Finance and Economics benjing,China ,October 29,2003.

(18) Daniel Gros Global Imbalances and the Accumulation of Risk CEPS www.ceps.eu .

(19) Aizenman, Joshua and Nancy Marion, "International Reserve Holdings With Sovereign Risk and Costly Tax Collection", *The Economic Journal*, 114, July 2004.

(20) Triffin, R., National Central Banking and the International Economiy, *Review of Economic Studies*, Feb. Issue 1946.

(21) Garton, Phil, "Foreign Reserve Accumulation in Asia: Can it be sustained? Mimeo, 2005.

(22) Greenspan, Alan, "Currency reserves and debt", Before the World Bank Conference on Recent Trends in Reserves Management, Washington D.C., April 1999.

(23) Guidotti, Pablo E., Remarks at G33 meeting, Bonn, Germany, April 1999.

(24) Heller, H. R., Optimal International Reserves, *Economics Journal* 76, 296-311, 1966.

(25) Frenkel, J. A. and B. Jovanovic, Optimal International Reserves :Astochastic Framework, *Economic Journal* 91, 507-514, 1981.

(26) Ben bassat and Gottlieb, Optimal International Reserves and Sovereign Risk, *Journal of International Economics* 33, 345-362,1992.

(27) B.S.Bernanke, 'The Global Savings Glut and the U. S. Current Account Deficit,' *Federal Reserver*, March 10 2005.

(28) Gereffi, G., J.Humphrey and T.Sturgeon, The Goverrnance of global value chain, *Review of International political Economy* 12:1.2005.

(29) IMF, *World Economic Outlook*, April 2009.

(30) Jason, Dedrick, Kenneth L. Kraemer, and Greg Lnden, Who capture value in global innovation Network:The case of apple's ipod.2009.

(31) Koopman, R., W.Powers, Z.Wang and S.J.Wei, Give credit where credit is due:Tracing value added in global production chain NBER wp 16425.2010.
(32) WTO,IDE-JETRO) ,Trade patterns and global value chain in East Asia：From trade in goods to trade in tasks. 2011.
(33) Wall Street Journal, 'china says trade surplus isn't likely to shrink soon', *Wall Street Journal*,30. May 2007.
(34) *Wall Street journal* Jan.12.2010.
(35) *Financial Times* Mar.15.2010.
(36) *Financial Times* Tuesday January. 18. 2011 "A strategy to straddle the planet － China is seeking to forge a new phase of globalisation in which it helps mould the relationships and rules at the core of the international economy " write Geoff Dyer, David Pilling and Henny Sender.
(37) The myth of "Made in China　http://www.foreignpolicy.com.

日本語
(38) 『ジェトロ世界貿易投資報告―海外市場の新たなフロンティア開拓に向けた日本企業のグローバル戦略』2010年版，JETRO　(pp.1-4)。
(39) P.R.クルグマン・M.オブズフェルド共著，石井菜穂子/溝田秀次郎/竹中平蔵/千田亮吉/松井均共訳『国際経済―理論と政策II国際マクロ経済学』新世社，2009年。
(40) チャールズ・R・モリス，山岡洋一訳『なぜ，アメリカ経済は崩壊に向かうのか―信用バブルという怪物―』日本経済新聞社，2008年8月6日2刷 (pp.9.9-131)。
(41) アンドルー・グリン，横川信治+伊藤誠訳『狂奔する資本主義―格差社会から新たな福祉社会へ―』ダイヤモンド社，2007年9月28日第1刷発行。
(42) テッド・C・フィッシュマン，仙名紀訳『中国がアメリカを超える日』ランダムハウス講談社，2006年9月21日第1刷発行。
(43) アダム・スミス，大内兵衛・松川七朗訳『諸国民の富II』岩波書店出版，1974（昭和49）年8月30日第5刷発行。
(44) P.マカリー・R.トルーイ「適正外貨準備：依然として重視すべきか」*Global Central Bank Focus*, 2007年11月 (p.10)。
(45) FRB議長ベン・バーナンキ氏　サンフランシスコ連銀におけるスピーチ（2009年10月19日）。
(46) 和田重司『アダム・スミスの政治経済学』ミネルヴァ書房，1978年2月20日第1刷発行。
(47) 胡鞍鋼著，王京濱訳『経済大国中国の課題』岩波書店，2007年12月21日第1刷発行 (pp.4-8)。
(48) 南亮進「中国高度成長の要因と帰結：日本との比較」『中国経済研究』2004年3月。
(49) 大前研一『チャイナ・インパクト―The China Impact』2002年4月10日第2刷発行。
(50) 周牧之『中国経済評論』日本経済評論社，2007年4月5日第1刷発行。

(51) 尾崎春生『中国の強国戦略 2050年への発展シナリオを読む』日本経済新聞出版社,2007年7月6日1版1刷。
(52) 石田浩『中国農村の構造変動と三農問題—上海近郊農村実態調査分析—』晃洋書房,2005年9月20日,初版第一刷発行 (pp.187-188)。
(53) 増田正人「グローバリゼーションとアメリカ経済」『経済』新日本出版,2008年,NO. (p.53)。
(54) 田中素香「グローバル・インバランス—「世界不均衡」の性格の解明に向けて—」田中素香編『新国際金融テキスト1』有斐閣,2008年,第12章所収。
(55) 田中素香「グローバリゼーションと現代国際金融」田中素香編『新国際金融テキスト1』有斐閣,2008年,第1章,所収 (p.3)。
(56) 鳥谷一生「アメリカにおける人民元為替相場制度論争と「米ドル本位制」の理論」大分大学経済論集第59巻第6号 (2008.3) (p.31)。
(57) 鳥谷一生「Bretton Woods II システムと現代アメリカ国際収支赤字のSustainability論争について—世界の銀行家からベンチャー・キャピタリストに転じた「米ドル本位制」の脆弱性—」大分大学経済論集第59巻第3号,200年 (p.27)。
(58) 岩本武和「アメリカの経常収支赤字の持続可能性—キャピタルゲインと評価効果の観点から—」『世界経済評論』2007年9月。
(59) 木下悦二「世界不均衡を巡って—世界経済の構造変化の観点から—」『世界経済評論』2007年9月。
(60) 白井さゆり「人民元をめぐる国際通貨問題」田中素香編『新国際金融テキスト1』有斐閣,2008年,第10章,所収 (pp.301-302)。
(61) エスカット,ユーベル,猪俣哲史編『東アジア貿易構造と国際価値連鎖:モノ貿易から「価値」の貿易へ』日本貿易振興会アジア研究所。
(62) 板木雅彦「世界金融危機と国際過剰資本の展開」『経済』2009年,No.162。
(63) 毛利良一「国際金融管理体制をめぐる動向」『経済』2009年,No.163。
(64) 天野宏隆「中国の対途上国経済戦略—走出去とFTA」『国際金融』1203号(21.8.1)。
(65) 項衛星 張虎「ドル本位制と東アジア域内金融協力」『国際金融』1203号。
(66) 川野論楊「米中不均衡問題の深化とグローバリズム」『国際金融』1183号 (19.12.1)。
(67) 李婧「新グローバル金融環境下の中国金融開放の安全性」『国際金融』1199号 (21.4.1)。
(68) 賀力平「東アジア経済体の外貨準備と国際金融危機」『国際金融』1200号 (平成21.5.1)。
(69) 奥田宏司「世界の外貨準備の膨張について—いくつかの論点の整理—」『立命館国際研究』19-3, March 2007。
(70) 奥田宏司「ドル体制の変容と現代国際金融」『経済』新日本出版,2008年8月号。
(71) 大谷聡・渡辺賢一郎「東アジア新興市場諸国の外貨準備保有高について」『金融研究』日本銀行金融研究所,2004年12月 (pp.186-190)。
(72) 滝田洋一『日米通貨交渉—20年目の真実—』日本経済新聞社,2006年12月12

日（p.399）。
(73) 夏　賦「外貨準備急増への対応」Chinese Capital Markets Research。
(74) 張　燕生，張　岸元，姚　淑梅「膨大な外貨準備をいかに運用するか」『季刊中国資本市場研究』2008 Spring。
(75) 中谷厳『入門マクロ経済学』日本評論社，1999年2月10日，第3版第8発行（p.132）。
(76) 関志雄「中国における国有商業銀行改革の現状と課題」『資本市場クォータリー臨時増刊』No.9，2005年2月1日発行。
(77) 関根栄一「中国の人民元建て貿易決済の導入と人民元の国際化」『資本市場クォータリー』2010, Vol.13-3 (p.103)。
(78) 家盛信善『日本の金融機関と金融市場の国際化』千倉書房，1999年4月10日初版発行（p.21）。
(79) 余永定「人民元為替制度改革の歴史の一歩」権哲男（訳）『国際金融』1164号(18.5.1)。
(80) 深尾光洋『中国経済のマクロ分析』日本経済新聞社，2006年8月22日1版1刷（p.91）。
(81) 柯隆『中国の不良債権問題』日本経済新聞社，2007年9月14日1版1刷（p.47）。
(82) 岡嵜久実子「中国農村金融制度改革の現状と課題：銀行業金融機関の再生と三農政策に呼応した取組みの中間評価」『金融研究』第29巻（第2号），2010年4月，(p.270)。
(83) 神宮健「人民元国際化と中国の金融債券市場の整備」『資本市場クォータリー』2010, Vol.13-3 Winter。
(84) 野村資本市場研究『中国証券市場大全』日本経済新聞出版社，2007年11月(p.15)。
(85) 公益財団法人 日本証券研究所『図説　アジアの証券市場』2010年版，三英グラフィック・アーツ株式会社，平成22年4月1日（pp.4-8）。
(86) 中小企業事業団, 中小企業研究所『日本経済の発展と中小企業』同友館, 1987（昭和62）年6月20日初版発行（pp.114-117, p.102）。
(87) 山西万三『情報と消費の経済学』こうち書房, 1994年12月30日初版（p.140）。
(88) 『大月金融辞典』大月書店，2002年4月5日第1刷発行。
(89) 中小企業事業団, 中小企業研究所『日本経済の発展と中小企業』(p.121)。
(90) 『国民経済計算年報』。
(91) 日本銀行調査統計局『経済統計月報』。
(92) 経済産業省経済産業政策局調査統計部『特定サービス産業実態調査報告書』クレジットカード業，割賦金融業編, 2010（平成22）年3月。
(93) 有吉章『図説　国際金融』(2003年版)財形祥報社2003年7月5日改訂12版発行。
(94) 范小晨「人民元為替制度改革の再開とその経済影響」『資本市場』2010. 8(No.300)月刊（pp.42-43）。
(95) 『国際分業の隠された真実』(日本経済新聞)（2007（平成19）年9月3日（月曜日）。
(96) 『2008年世界経済の潮流』第3節, 「SWFの台頭とその影響」。

(97) 『通商白書』平成 22 年版, 産業経済省, 2010（平成 22) 年 6 月.
(98) 「中国における企業向け金融の実態と展望」www.jbic.go.jp.
(99) 苗金芳「世界経済帰趨を占う―21 世紀中米経済」『佐賀大学経済論集』第 42 巻（第 4 号）(pp.82-114).
(100) 苗金芳「グローバル・インバランス問題の是正へ向けて―カギとなる中国における内需拡大と金融システム改革―」2010 年度春季大会, 日本金融学会の報告；『佐賀大学経済論集』第 43 巻（第 2 号）(pp.39-64).
(101) 張紀尋・苗金芳「アジア域内生産ネットワーク進化の視点からみた中米貿易不均衡問題」『城西大学経営紀要』第 10 号, 2014 年 3 月.

中国語
(102) 李坤望・宋立鋼・趙興軍「零部件貿易 中国参与国際分工的新途径」『中国市場化与経済増長』社会科学文献出版社, 2007 年 12 月 1 版 1 刷 (p.71).
(103) 黄益平「成熟的中国経済増長引領全球走向白金時代」『中国市場化与経済増長』社会科学文献出版社, 2007 年 12 月第 1 版 1 刷.
(104) 胡永泰 肖耿「応対貿易争端造成的保護主義 ― 中国的后 WTO 藍調」『中国市化与経済増長』社会科学文献出版社, 2007 年 12 月第 1 版 1 刷 (pp.43-44).
(105) 李坤望 宋 趙「零部件貿易中国参与国際分工的新途径」『中国市場化与経済増長』社会科学文献出版社, 2007 年 12 月第 1 版 1 刷 (p.64).
(106) 陳春来「中国加入 WTO 后外国直接投資的総体帰趨和特征」『中国市場化与経済増長』社会科学文献出版社, 2007 年 12 月第 1 版 1 刷.
(107) 孫立堅, 張盛興「対外依頼的経済和房地産」『中国市場化与経済増長』社会科学文献出版社, 2007 年 12 月第 1 版 1 刷.
(108) 中国国家統計局, 統計報告；「从十六大到十七大経済社会発展回顧系列報告」.
(109) 中国国家統計局『2005 統計年鑑』
(110) 中国国家統計局『2006 統計年鑑』
(111) 中国国家統計局『2007 統計年鑑』
(112) 中国国家統計局『2008 統計年鑑』
(113) 中国国家統計局『2009 統計年鑑』
(114) 中国人民銀行「公開市場操作」
(115) 中国人民銀行「中国貨幣執行報告」(2001 年～2010 年)
(116) 中国国家商務部「2006 年三季度対外貿易運行情況」
(117) 中国国家商務部「2006 年前三季度対外貿易運行情況（輸出退税和加工貿易政策調整)」
(118) 中国国家商務部「2007 年前三季度対外貿易運行情況」
(119) 中国国家商務部「2007 年全年対外貿易運行情況」
(120) 中国国家商務部「2008 年前三季度対外貿易運行情況」
(121) 中国国家商務部「2008 年全年対外貿易運行情況」
(122) 中国国家商務部「2009 年前三季度対外貿易運行情況」

(123) 中国国家商務部「2009 年全年対外貿易運行情況」
(124) 中国国家為替管理局「2008 年中国国際収支報告」
(125) 中国国家為替管理局「2009 年中国国際収支報告」
(126) 華民「世界経済失衡：概念,成因与中国の選択」吉林大学社会科学報 2007 年 (1)。
(127) 張明「2009 年国際資本流動与中国資本市場展望」中国社会科学院世界経済与政治研究所国際金融研究中心工作論文 No.09002,2008。
(128) 余永定「美国次貸危機：背景，原因与発展」中国社会科学院世界経済与政治研究所国際金融研究中心工作論文，No.0817, 2008。
(129) 張志超「最優国際準備理論与測度：文献述評(上)」華東師範大学(哲学社会科学版) 2009 年第 2 期。
(130) 張志超「最優国際準備理論与測度：文献述評(下)」華東師範大学(哲学社会科学版) 2009 年第 3 期。維
(131) 李蔚　張志超「一個基與金融穏定的外匯準備分析框架―兼論中国外貨準備的適度規模―」『経済研究』2009 年 8 期 (p.34)。
(132) 李楊, 余維彬　「経済全球化与発展中国家国際準備管理」『経済学動態』2005 年第 8 期 (p.34)。
(133) 王曙光『金融自由化与経済発展』北京大学出版社，2004 年 7 月第 2 版。
(134) 黄達『金融学』 中国人民大学出版社，2004 年 5 月初版。
(135) 李楊, 余維彬「人民元為替制度改革：回帰有管理浮動」『経済研究』2005 年第 8 期。
(136) 周小川「关于儲蓄問題的思考」人民銀行ホーム・ページ。
(137) 周小川「关于改革国际货币体系的思考」人民銀行ホーム・ページ。

ホーム・ページ

(138) http://www.chinareform.org.cn
(139) http://www.nytimes.com
(140) http://www.jbic.go.jp
(141) http://www.ceps.eu
(142) http://www.ustr.gov
(143) http://www.stats.gov.cn
(144) http://www.fdi.gov.cn
(145) http://www.zhs.mofcom.gov.cn
(146) http://www.foreighpoliciy.com

図表一覧

図表 1-1　国・地域別 GDP 成長率・寄与度の推移 ——————————— 27
図表 1-2　2001—2015 年の中国経常収支黒字額対 GDP の比率及び対外依存度—28
図表 1-3　1986 年～2014 年に米国及び世界対中国の FDI 状況 ——————31
図表 1-4　1995 年～2014 中国と主要国家及び地域の貿易黒字額——————42

図表 1-5	1995～2009 年中国と主要国及び地域の貿易黒字推移	42
図表 2-1	2009 年中国の輸出製品に占める輸入中間投入の割合，輸入カテゴリー別	51
図表 2-2	国・地域別 GDP 成長率・寄与度の推移	53
図表 3-1	1980－2008 年米国国内貯蓄率とネット債務	63
図表 3-2	1989－2007 年米国対周辺国の貿易赤字の構成	66
図表 3-3	米国・中国における経常収支及びネット貯蓄の推移	69
図表 4-1	1980－2014 年中国における最終消費，投資及び対 GDP の貢献率	72
図表 4-2	GDP，国民収入，消費及び貯蓄増加率の推移	73
図表 4-3	2010 年及び 2014 年末中国における国有企業，民営企業の総数及びシェア	81
図表 4-4	中国における金融機関の短期融資の構成変化の推移	82
図表 4-5	中国の非金融部門の資金調達構成の推移	86
図表 5-1	アジア諸国・地域別の GDP 対経常収支・外貨準備の割合（単位：%）	100
図表 5-2	1995～2015 年中国外貨準備の推移	102
図表 5-3	中国の国際収支バランス表（1994～2014 年）	105
図表 6-1	外貨準備保有高・短期債務残高及び比率	119
図表 6-2	外貨準備保有高・短期債務残高比率推移	119
図表 6-3	外貨準備保有高・輸入総額及び比率	120
図表 6-4	外貨準備保有高・輸入総額比率推移	120
図表 6-5	外貨準備保有高・マネーサプライ（貨幣供給量）及び比率	121
図表 6-6	外貨準備保有高・マネーサプライ（貨幣供給量）比率推移	121
図表 7-1	中国人民銀行による売出手形の発行状況	140
図表 8-1	2005 年 7 月 21 日～2009 年 5 月 22 日の人民元レート対米ドルの中間値の推移	152

【著者】
苗 金芳（びょう　きんほう）
　1988 年　中国国家統計局青海総隊　入局　国家公務員
　2004 年　私費留学生として来日，佐賀大学経済部大学院　入学
　2011 年　佐賀大学理工学部工学系研究科博士後期課程修了
　2015—2016 年　中国国家外国専家局に派遣され　学者として訪日
　現在　　青海民族大学経済学院教授．博士（国際金融）．国際経済貿易研究
　　　　　系主任

グローバル化により変容する
中国・米国間の金融経済

2017 年 7 月 25 日　第 1 版第 1 刷発行

著　者：苗 金芳
発行者：長谷雅春
発行所：株式会社五絃舎
　　　〒173-0025　東京都板橋区熊野町 46-7-402
　　　Tel & Fax：03-3957-5587
組　版：Office Five Strings
印　刷：モリモト印刷
ISBN978-4-86434-063-2
Printed In Japan　検印省略　ⓒ　2017